ANJA MANNHARD

Biografie-arbeit

Die innere Schatzsuche

SCORPIO

Anja Mannhard ist bekannte Autorin und Illustratorin zahlreicher Bücher und Artikel im Bereich Pädagogik, Psychologie, Logopädie sowie Kinder- & Jugendbuch. Sie ist im Sozialmanagement und als Referentin tätig und lebt am Bodensee.

www.anjalingua.de

MIX
Papier | Fördert gute Waldnutzung
FSC® C083411
FSC www.fsc.org

Der Umwelt zuliebe

- produzieren wir zu über 90 % in Deutschland
- achten wir auf kurze Transportwege
- drucken wir auf Papier aus nachhaltiger Waldwirtschaft und anderen kontrollierten Quellen

2. Auflage 2025

Lektorat: Desirée Schön
Umschlaggestaltung: Hauptmann & Kompanie Werbeagentur, Zürich
Layout und Satz: Veronika Preisler, München
Druck und Bindung: CPI, Leck
ISBN 978-3-95803-351-1

Ansprechpartner für Produktsicherheit
Europa Verlage GmbH
Monika Roleff
Johannisplatz 15, 81667 München
Tel.: +49 (0)89 18 94 733-0
E-Mail: info@europa-verlag.com
www.scorpio-verlag.de

Inhalt

gata: »wo wir gegangen sind«
ānagata: »dort, wohin wir noch nicht gekommen sind«

Für Dr. Rudolf Hausmann, Uli Frank, Michael Hügel, Magdalena & Wolfgang Hein, Dr. Katarina Michel, Stefanie Carla Schäfer und Mama

Intro

Ich bin ich, das ist wahr.
So jemanden wie mich hat es noch nie gegeben und wird es nie mehr geben.
In mir steckt viel, auch wenn ich das nicht immer sehe.
Manches werde ich neu erfinden, und manches werde ich neu aufbauen.
Denn: Mein Leben gehört mir.
Ich probiere so viel wie möglich aus und habe keine Angst, Fehler zu machen.
Ich nehme meine Hoffnungen mit auf den Weg und packe meine Träume ein.
Ich entdecke und erforsche, ich finde zu mir, und ich teile mit anderen.
Mit manchem werde ich anderen helfen, und mit manchem werde ich andere begeistern.
Ich folge meinem Herzen und schaue, wo es mich hinführt.
Manches wird mir schwerfallen, und manches wird mir Sorgen bereiten.
Ich könnte stolpern und hinfallen, ich könnte mit manchem scheitern.
Ich werde stärker daraus hervorgehen.
In mir steckt mehr, als ich manchmal denke.

Mein Leben ist besser mit mir als ohne mich,
denn ich lebe meine Ideen und Talente.
Ich bin der Mensch, der ich sein kann.
Ich spüre auch die noch unentdeckten Fähigkeiten
in mir auf.
In mir ist etwas Neugieriges, Starkes und Mutiges.
Ich habe alles in mir, um meinem Leben
Bedeutung zu verleihen.
Ich bin jetzt da, und weil ich da bin, ist vieles
möglich.

Zu Beginn

Liebe Leserinnen und Leser,
mit diesem Buch möchte ich Ihnen eine Möglichkeit vorstellen, wie Sie auf spielerische und kreative Weise Ihre biografischen Spuren erforschen und sie für Ihr heutiges Leben zugänglich und nutzbar machen können. Die zahlreichen Übungen und Impulse zur Rückschau können Ihnen helfen zu verstehen, weshalb Sie die Person geworden sind, die Sie sind, was Ihr persönliches Leitmotiv im Leben ist – und zu überprüfen, ob Sie auf den alten Pfaden oder lieber auf neuen Wegen weitergehen möchten. Alles, was es braucht, um den roten Faden in Ihrem Leben zu finden, ist die Fähigkeit, hinzuschauen und bewusst wahrzunehmen, was war und was ist. Dann können Entscheidungen für die Zukunft mit Leichtigkeit getroffen werden, wir finden den Mut, vorwärtszugehen und Veränderungen anzupacken und haben die Zuversicht und das Vertrauen in uns selbst, dass wir unsere Ziele erreichen.

Mühelos Entscheidungen zu treffen trivialisiert die Dinge nicht – im Gegenteil, es vitalisiert sie – und ermöglicht uns eine lebendige Haltung zu den Geschehnissen und Menschen in unserem Leben. Auf diese Weise sind wir mehr mit unseren eigenen

Werten im Einklang und nehmen unser Leben so an, dass jeder Tag es wert ist, gelebt zu werden.
Um Ihre im Laufe des Buches aufkommenden Erinnerungen und Gedanken zu den Übungen zu notieren, schlage ich vor, dass Sie sich ein schönes Notizheft und einen Stift eigens für Ihre Biografiearbeit zulegen.
Ich wünsche Ihnen von Herzen, dass der Rückblick auf Ihr bisheriges Leben für Sie zu einer Quelle der Erkenntnis und des inneren Wachstums wird.

Ihre
Anja Mannhard

Wichtiger Hinweis: In der Auseinandersetzung mit der eigenen Biografie ist es wichtig, sich selbst nicht zu überfordern. Zunächst geht es darum, dass Sie die Dinge und Erinnerungen, die auftreten, so akzeptieren, wie sie sind. Ein zu schnelles Eingreifen und Verändernwollen kann unter Umständen mehr Schaden anrichten als Nutzen für Ihre biografische Entwicklung bringen. Und wenn bestimmte Erinnerungen und Erfahrungen Sie sehr stark belasten, scheuen Sie sich nicht, sich psychologische Unterstützung zu suchen.

1

Meiner Biografie begegnen

Die eigene Geburt ist unsere Eintrittskarte in diese Welt. Mit ihr werden wir in unser Leben hineingestellt – in unser Geburtsland, unsere Familie, unser Umfeld. Das Ich und die Seele erwachen durch die verschiedenen Eindrücke, die wir über unsere Sinne – unsere Tore zur Außenwelt – erfahren. In den ersten Jahren fließen die Ströme der Vererbung, Umgebung und eigenen Individualität zusammen und wir lernen so viel wie eigentlich nie mehr danach im Laufe unseres Lebens. Neben dem Gehen, Sprechen und Denken entwickeln wir auch unsere eigene Sicht auf die Welt, die wiederum großen Einfluss darauf hat, ob und wie wir Vergangenes erinnern.

Biografiearbeit eröffnet uns die Chance, mehr Tage zu erinnerungswerten Tagen zu machen, wenn wir sinngebende, glückliche Erfahrungen aus unserem vergangenen Leben ausgraben, um glückliche Erinnerungen in der Gegenwart zu erzeugen. Denn unsere Biografie besteht nicht aus den vergangenen Tagen, sondern aus denen, an die wir uns erinnern. Unser Glück, unsere Zufriedenheit und unsere Zuversicht im Heute und in der Zukunft vergrößern sich, wenn wir eine positive Erzählung dessen, was war, bevorzugen, denn wir können die Dinge immer von verschiedenen Seiten beleuchten.

ICH ERINNERE MICH

- Was fällt mir ein, wenn ich an meine Kindheit und Jugend denke?
- Was tritt im Rückblick besonders hervor?
- Durfte ich meinem Forschergeist und meiner Neugierde auf die Welt frei nachgehen?
- Welche glücklichen Momente fallen mir ein?

Wir erinnern uns meist an erste Erfahrungen, die emotional intensiv waren, am besten. Aber auch scheinbar unwichtige Ereignisse können für uns wichtig sein, wie das Barfußlaufen im warmen Gras, das Essen einer bestimmten Speise oder eine Übernachtung im Heu. Nicht nur die Erinnerungen an Siege und bestandene Prüfungen sind von Bedeutung, sondern auch solche, in denen andere Menschen für uns da und wichtig waren. All diese »Zutaten« lassen glückliche Erinnerungen entstehen.

Spielerische Lebenskunst

Kinder lernen bis zur Einschulung und auch noch eine Zeit danach durch Spielen für das Leben. Insbesondere in Rollenspielen ab dem dritten Lebensjahr verarbeiten sie ihre bisherigen Erfahrungen. Manchmal lässt sich darin bereits sogar die spätere Berufswahl ablesen. So erzählte mir die bekannte Konzertorganistin, Psychotherapeutin und Autorin Irmtraud Tarr bei einer persönlichen Begegnung, dass ein Forscher herausgefunden hat, dass Kinder schon früh träumen oder im Spielverhalten zeigen, was sie später machen möchten. Sie selbst hat als Kind eine Orgel gebaut, sich fein angezogen und ihren Puppen vorgespielt. Sie glaubt an Träume, und sie glaubt daran, dass man nur dort hingeht, wo Potenzial für einen liegt.

ICH ERINNERE MICH

- Was habe ich als Kind und in meiner Jugendzeit am liebsten gespielt?
- Womit habe ich mich intensiv beschäftigt?
- Findet sich etwas davon in meinem heutigen Beruf oder in meinen Hobbys wieder?

Schöne Erinnerungen sind eine stabile Basis für Zufriedenheit und Glück im Hier und Heute. Wem es gelingt, sich Gutes aus der Vergangenheit ins Gedächtnis zu rufen, fühlt sich in der Gegenwart besser gewappnet auch für schwierige Ereignisse und tut sich leichter, zuversichtlich zu bleiben.

ÜBUNG

Insel der guten Erinnerungen

Gestalten Sie ein Plakat, das Sie bemalen, bekleben und beschriften. Suchen Sie sich dazu verschiedene Papiere, Farben und kleinere Gegenstände zusammen. Dieses Plakat wird Ihre Insel der guten Erinnerungen aus Ihrem bisherigen Leben. Legen Sie auf der Insel folgende Flächen an, die Sie entsprechend gestalten:

- Meer des Unbewussten (um die Insel herum anlegen)
- Family Camp
- Großmutters Backstube
- Achterbahn der Gefühle
- Romantikstraße
- Mein Tagebuch
- Meine Diplome
- Gipfel des Erfolgs

Ziele und Wege

Bei unseren Fragen an das Leben werden Vorbilder vor allem in der Jugendzeit wichtig. Im Verlauf der Schulzeit suchen wir nach Lehrern und Bezugspersonen, die uns darin unterstützen, Sachverhalte des Lebens zu durchdringen und zu hinterfragen. Als Jugendliche wollen wir uns messen und in unserer stürmischen, gefühlvollen Seele Halt und Orientierung finden. Wir möchten uns zu einem selbstständigen und mündigen Menschen hin entwickeln. In dieser Zeit stellen wir auch die ersten Fragen nach dem Sinn unseres Lebens, den wir später in einer geeigneten Berufswahl und einem gelingenden Privatleben finden möchten. Wir fragen nach unserer Berufung und wie wir diese verwirklichen können.

ICH ERINNERE MICH

- Welche Personen haben mich in meiner Jugend besonders beeindruckt?
- Welche Qualitäten haben sie in mir geweckt?
- Wohin zog es mich in dieser Zeit besonders?
- Wem habe ich welche Fragen gestellt, um meine Berufung zu finden?
- Gibt es eine noch nicht erzählte Geschichte eines Lieblingssongs?

Was mich geprägt hat

Unsere berufliche und persönliche Biografie ist höchstwahrscheinlich nicht perfekt. In den meisten Fällen ist bislang nicht alles nach Plan und nach unseren Wünschen verlaufen. Sinn entsteht trotzdem, wenn wir einen Zusammenhang der Ereignisse erkennen können. Umso wichtiger ist es, dass wir die Grundlage dafür erschaffen, diese Zusammenhänge zu erkennen. Es geht darum, Prioritäten im Hinblick auf wichtige Ziele und Bedürfnisse zu setzen und die eigenen Fähigkeiten und Mittel zu berücksichtigen, um diese zu erreichen und zu erfüllen. Wenn wir ehrlich mit uns selbst sind, können wir realistisch einschätzen, was wir tun müssen, um eine positive Veränderung in unserem Leben zu bewirken. Dabei sollten wir so konkret und aktiv wie möglich vorgehen, denn dann stehen die Chancen gut, dass wir Erfolg haben.

Sie können sich in solchen (Neu-)Orientierungsphasen stärken, indem Sie beispielsweise

- *mit einem guten Freund darüber reden, was Ihnen wirklich wichtig ist*
- *sich jeden Tag aufschreiben, was Sie heute richtig gut gemacht haben*
- *ein interessantes Buch lesen, das mit Ihrer Arbeit nichts zu tun hat*

- *Ihrem Körper etwas Gutes tun (Sport, Yoga, intensive Körperpflege, frisches Obst essen ...)*
- *ein neues Rezept ausprobieren*
- *ein neues Hobby betreiben*
- *etwas auf der To-do-Liste abhaken und sich dann selbst belohnen*
- *sich selbst eine Karte schreiben, auf der steht, was Sie an sich mögen.*

Unsere Gefühle sind ein ganz zentraler Bestandteil bei biografischen Erinnerungen. Wir erinnern uns meist nicht an unsere ersten vier Lebensjahre, aber danach können wir wichtige subjektive Spuren unserer Vergangenheit aufgreifen. Dabei folgen die Rekonstruktionen unserer Biografie oftmals weniger den Fakten und tatsächlichen Ereignissen in genau der Form, wie wir sie erinnern, sondern unserer subjektiven Einschätzung und Gewichtung. Ab der Grundschulzeit nimmt die Menge an gespeicherten Erfahrungen zu, und die meisten Menschen erinnern sich eindrücklich an Begebenheiten aus ihrer Jugend und dem jungen Erwachsenenalter.

ICH ERINNERE MICH

- Was habe ich im Alter zwischen 10 und 30 Jahren besonders intensiv erlebt?
- Wer war meine erste große Liebe?
- Welche Ereignisse aus der Schule und Ausbildung sind mir besonders gut in Erinnerung?
- Was war mein erster Job?
- Wie sah meine erste Wohnung aus?
- Wohin ging meine erste weitere Reise?

Das Wissen darum, was Sie geprägt hat, kann Ihnen im Heute helfen, besser zu handeln. Wenn Sie ratlos sind, können Ihnen Ihre Erinnerungen wie Boten ins Gedächtnis rufen, was Sie früher in ähnlichen Situationen gefühlt und wie Sie sich entschieden und verhalten haben.

ÜBUNG

Meine Erinnerungskiste

Finden Sie eine schöne Kiste, in die Sie Notizen, Gegenstände oder Symbole legen, indem Sie im Geiste die wichtigsten Stationen auf Ihrem bisherigen Lebensweg abschreiten. Was hat Sie in diesen Phasen am meisten geprägt? Suchen Sie dabei nach Erfolgen in Ihrer Biografie. Und: Der Inhalt Ihrer Erinnerungskiste darf sich auch immer wieder verändern.

Verdichtetes

In unserem Innern verdichten sich die Erfahrungen unserer Biografie, und dazu gehören alle Hochs und Tiefs, Lieben und Enttäuschungen, Gedanken, Gefühle und Charaktereigenschaften. All das stellt unser Ich dar. Das Ich spürt Freude bei Anerkennung und Schmerz bei Ablehnung. Was wir bewusst wahrnehmen, erleben wir aus dieser Innenperspektive, und das Ich ist unser Zugang zur äußeren Welt. Es möchte nicht nur am Rande stehen und zusehen, sondern aktiver Part der Gesellschaft sein. Es hat Absichten und Ziele, beispielsweise beruflich erfolgreich zu sein. Das Ich kann sich beobachten und reflektieren sowie die eigenen Handlungen bewerten. Viele Menschen fragen sich im Laufe der Jahre, was ihr Ich im privaten und beruflichen Kontext eigentlich ausmacht. Sie möchten verstehen, weshalb sie so und nicht anders geworden sind. Auch wenn wir uns im Laufe unserer Biografie verändern, scheint es einen unwandelbaren Wesenskern in uns zu geben – das Ich, das wir als Erwachsene mit dem Kind und Jugendlichen verbinden, das bzw. der wir einmal waren.

Es gibt zahlreiche Gründe, sich die Fragen nach der eigenen Geschichte zu stellen. Viele Menschen möchten einfach einen roten Faden in ihrem Leben erkennen. Andere wollen durch diese Selbsterforschung Erlebtes bewahren und es mit der eigenen Familie, mit guten Freunden oder in einer Partnerschaft teilen. Wieder andere möchten ergründen, wo sie heute stehen, und vielleicht auch die Ursache von Problemen, denen sie immer wieder begegnen. Dabei lautet die Leitfrage immer: Wer bin ich und was will ich? Die gefundenen Antworten können wir nutzen, wenn wir uns an Wendepunkten unseres Lebens befinden und mit neuen Einsichten in das Vergangene bislang Unerledigtes und Ungesagtes abschließen und loslassen möchten. Manchmal erkennen wir erst in der Rückschau, was auf unserem bisherigen Weg wirklich bedeutend für uns war.

ÜBUNG

Meinen roten Faden finden

Finden Sie Antworten auf die folgenden Fragen:

- Wie bin ich zu dem Menschen geworden, der ich heute bin?
- Welche Bedeutung und welchen Sinn haben die bisherigen einzelnen Stationen meines Weges?
- Was macht bislang meine Geschichte aus?

Biografiearbeit ermöglicht es, die eigene bisherige Geschichte zu verdichten und einzuordnen. Wir können Sinnzusammenhänge herstellen und den Blick dafür schärfen, wer wir wirklich sind. Wir können erkennen, wie wir dazu beigetragen haben, dass bestimmte Dinge geschehen sind, und wie wir mit unseren Handlungen etwas bewirkt haben. Wir sind also kein Spielball des Lebens, sondern Gestalter unseres eigenen Weges. Und wir sind auch nicht die Hüter der Vergangenheit, sondern können durch die Konfrontation mit Ungesagtem, bislang Ungelebtem und Ungenutztem einen neuen Zugang zu uns selbst finden. Wir können sogar nach Bedarf unsere Geschichte völlig um- und neu schreiben.

ÜBUNG

Meine Geschichte umschreiben

- Wenn ich meine bisherige Biografie betrachte, gibt es eine Station, mit der ich in einem (inneren oder äußeren) Konflikt stehe und die ich gerne umschreiben würde?
- Konkretisieren Sie diese Erfahrung oder dieses Erlebnis und schreiben Sie auf, was Ihnen dazu einfällt.
- Welche Vorgeschichte gibt es? (Sie kann helfen, einen Aspekt unserer Geschichte besser zu verstehen).
- Schreiben Sie diese Vorgeschichte auf.
- Angenommen, ich sehe diese bestimmte Station besonders düster und schwarz. Wo könnten sich graue oder gar weiße Flecken innerhalb der dunklen Landschaft zeigen?
- Statt zu schreiben, können Sie diese Landschaft auch zeichnen und dann beschriften.
- Habe ich diese Geschichte schon anderen erzählt? Was sagen die dazu?
- Machen Sie sich zu den Aussagen anderer Personen Notizen.
- Angenommen, ich zoome mit dem Fotoapparat nah an diese Station heran und stelle ihn dann auf Weitwinkel ein. Was zeigt sich an den Rändern des Bildes noch?

- Schreiben Sie auf, was Ihnen einfällt, oder zeichnen Sie ein Bild dazu.
- Nun betrachte ich diese Erfahrung einmal so, dass ich passives eigenes Verhalten in aktives Handeln verwandle. Was würde ich dann tun?
- Machen Sie sich Notizen.
- Gibt es Aspekte meiner Erfahrung, die ich im Rückblick auch anders einschätzen könnte?
- Notieren Sie, was Ihnen einfällt.
- Nun suchen Sie aus Ihrer anfänglichen Geschichte 3–5 Stichworte heraus, in denen die Perspektiven Vorgeschichte, helle Flecken, Außenansichten, Weitwinkel, Aktivität und Neubewertung aufblitzen. Wenn Sie keine ausreichenden Stichworte finden, entwerfen Sie sie aus Ihren Aufzeichnungen oder Skizzen neu. Schreiben Sie dann mit diesen Stichworten eine neue Geschichte dieser Station Ihres Lebens.

Mein Leitmotiv

In den sogenannten Lehr- und Wanderjahren im Alter von etwa 18 bis 25 Jahren ziehen wir in die Welt, um unser Glück zu finden. In dieser Zeit gilt es besonders, die ein und andere Prüfung zu bestehen. Diese Phase im Leben ist wie vielleicht keine spätere mehr gleichzeitig die Zeit der großen (romantischen) Gefühle. Vor allem während der Ausbildung werden oft Freundschaften geknüpft, die manchmal ein Leben lang halten und von einer tiefen Verbundenheit geprägt sind, wie sie später im Leben schwer erreichbar ist. In dieser Lebensphase wollen wir einerseits die Welt entdecken, vor allem aber uns in der Welt erfahren. Dabei stellt sich uns noch kein dominierender Verstand in den Weg, wie er vor allem ab etwa 30 Jahren durch den Wunsch nach der Sicherung des Erreichten und gegebenenfalls den Aufbau einer eigenen Familie im Vordergrund steht.

Haben wir später zwischen 40 und 45 Jahren das Gefühl, etwas verpasst zu haben, finden wir die Ursache vielleicht darin, dass wir unsere Jahre als junge Erwachsene nicht voll ausgeschöpft haben. Die Gründe dafür sind verschieden: Manchen jungen Menschen fehlt – meist aufgrund ihrer Erfahrungen in Kindheit und Jugend – einfach der Mut für die Eroberung der Welt. Andere möchten sich vielleicht der Vielfalt der Möglichkeiten und damit der Qual der Wahl entziehen und bevorzugen es, sich früh festzulegen.

ICH ERINNERE MICH

- Hatte ich als junger Mensch Vertrauen in mich und in die Welt?
- Aus welchen Gründen habe ich mich für einen bestimmten Lebensort entschieden – war es die Ausbildung oder das Studium, die (erste) Stelle, der Freundeskreis oder die Familie?
- Hatte ich den Mut, meine Lebensspur zu wechseln, wenn mir eine Entscheidung im Nachhinein falsch erschien?

Wenn Sie verpassten Chancen nachtrauern, fahren Sie doch einmal in eine fremde Stadt und entdecken diese ohne einen genauen Plan. Welche Örtlichkeiten locken für einen Besuch und was interessiert Sie daran? Wo zieht es Sie hin? Was ist für Sie das Besondere an dieser Stadt, worin liegt ihr Zauber? Wenn Sie sich vorstellen, dass Sie in dieser Stadt leben, wie sähe Ihr Leben dort aus?

Unabhängig davon, wie das Leben aussieht, das wir uns geschaffen haben, verwandelt das Durchleben des Alltags sich in ein inneres Kraftpolster. Mit den unzähligen täglichen kleinen und großen Pflichten, Aufgaben, Rollen und Herausforderungen werden unser Organisationstalent, unsere

Disziplin, unsere Belastbarkeit und unser Durchhaltevermögen täglich neu geprüft. Diese ständige Bewährungsprobe bildet in uns Qualitäten aus, die das Leitmotiv unserer Biografie entwickeln und stärken. Sich nach dem eigenen Leitmotiv auszurichten bedeutet, einem motivierenden Horizont zu folgen. Dazu benötigt es Klarheit über die gegenwärtige Situation und dafür, was man verändern möchte, um mutig das zu tun, was dazu nötig ist. Ein solcher motivierender Horizont lässt einem Flügel und Selbstvertrauen wachsen, ermöglicht Orientierung und erleichtert Entscheidungen.
Um Wandlungsprozesse in der Biografie zuversichtlich zu gestalten und immer wieder zur inneren und äußeren Gelassenheit zu finden, kann man sich auf frühere größere Veränderungen besinnen und das erinnern, was einem in der damaligen Situation geholfen hat und was nicht. Diese Erkenntnisse unterstützen uns im Heute und Morgen.

ÜBUNG

Die Schätze meines Lebens

Wie sieht Ihr Ja zu Ihren Entscheidungen aus? Welche Erfahrungen, Geschichten und Träume lassen Ihren Horizont und das Herz weit und groß werden?
Malen Sie eine Schatzkiste und beschriften Sie sie mit Ihren Schätzen.

Neues entsteht

Manchmal kann es passieren, dass in uns beispielsweise durch ein Buch, ein Lied, ein Bild oder ein Erlebnis eine plötzliche Erkenntnis aufblitzt und wir das Gefühl haben, dass die Zeit stehen bleibt. Es eröffnet sich ein Moment, indem etwas auf wunderbare Weise deutlich wird, Mosaikteile an den richtigen Platz fallen und Neues entsteht. Eine große Kraft stößt die Tür zu einem neuen Weg auf, den man bisher vielleicht nur erahnt hat.

ICH ERINNERE MICH

- Wann habe ich eine solche Kraft erlebt?
- Was ist aus ihr entstanden?

Erinnern Sie sich an wichtige Bücher aus Ihrer Kindheit, Jugend und dem frühen Erwachsenenalter. Bücher können von heute auf morgen etwas in uns verändern. Auf einmal macht es »Klick« und eine neue Tür im Innen oder Außen öffnet sich. Neue Wege zeichnen sich ab und wir bekommen eine Ahnung davon, was in der Welt alles möglich ist.

Manchmal stellen wir fest, dass das bisherige Leben nicht mehr zu uns passt und wir mit den Veränderungen im Außen auch innere vornehmen möchten oder umgekehrt. Dabei müssen wir uns zuweilen den Ansprüchen unseres Umfelds entziehen, um unseren eigenen Weg zu finden. Dieser Rückzug und die Rückbesinnung auf sich selbst machen frei von vermeintlichen Idealen. Die vielen Möglichkeiten eines gelingenden Lebens fordern uns geradezu heraus zu erforschen, wie das eigene Selbstverständnis wirklich ist und ob es auch für morgen noch Gültigkeit hat. Wir möchten wissen, ob die bisherigen Entscheidungen, die wir getroffen haben, auch in der Zukunft noch tragen.

ICH ERINNERE MICH

- Kann ich mein bisheriges Leben bejahen, wie es war?
- Stimmt es für mich noch so, wie es ist – und wie es voraussichtlich in der nächsten Zeit sein wird?
- Kann ich es trotz zeitweiser Schwierigkeiten so annehmen, oder möchte ich etwas verändern?
- Fühlt sich das, was ich bisher getan habe, immer noch stimmig an?
- Wofür schlägt mein Herz?
- Für was will ich einstehen?
- Wofür begeistere ich mich?

2

Meinem Weg vertrauen

Es ist nicht zuletzt unsere Resonanzfähigkeit, die uns hilft, unsere Biografie aktiv zu gestalten. Das Vertrauen in den eigenen Werdegang wächst, wenn wir mit uns selbst und unserer Umwelt in guter Resonanz sind. Irmtraud Tarr zufolge sollten wir bereit sein, uns durch das, was uns geschieht, wandeln zu lassen. Dazu gehöre eine gewisse Herzensbildung, sodass wir zum Beispiel aus einem Gespräch mit einem anderen Menschen anders herausgehen, als wir hineingegangen sind. Wir können bewusst wahrnehmen, womit wir in Resonanz stehen. So können wir erkennen, wer wir sind.
Für den Philosophen Hans-Jürgen Stöhr bilden die Grundlage der Resonanzfähigkeit die Werte Freiheit, Verantwortung, Dialog und Vertrauen. Diese stehen miteinander in Wechselwirkung und beeinflussen sich derart, dass es das Lernen befördert, das wiederum Entwicklungen nach innen und außen initiiert. Das funktioniert aber nur gut, wenn

wir hinreichend erwachsen sind. Mit dem Erwachsenwerden verbindet Stöhr das Akzeptieren der aktuellen Lebensbedingungen, das Verantworten der eigenen Gefühle und Handlungen und die optimale Gestaltung von persönlichen Durchsetzungs- und Abgrenzungsbedürfnissen, aus der sich das Aushandeln der eigenen Interessen und Wünsche ableitet.

Die Lebensberaterin und Autorin Katarina Michel vergleicht unsere bisherige Biografie mit einem Schmetterlingskokon, der uns vertraut ist und unsere innere und äußere Sicherheit gewährleistet. Wenn wir uns aber nicht trauen, den Kokon loszulassen und gleichzeitig der Schmetterling werden wollen, der sich in die Luft erhebt, funktioniert das nicht, weil wir auf unserer Sicherheit beharren. Um in den Prozess der persönlichen Wandlung zu kommen, müssen wir aus der Sicherheit herausgehen. Nur so kann man wachsen und weiterkommen. Das gilt insbesondere auch für unser Berufsleben. Unsere Arbeit sorgt nicht nur für Struktur und Sinnhaftigkeit unseres Alltags, sondern ist auch mit bestimmten Positionen und Rollen verbunden. Gerade im Arbeitsleben gibt es aber laut Michel nur wenige Sicherheiten. Umso wichtiger ist es, sich auf den beständigen Wandel einzulassen, um daran zu wachsen.

ÜBUNG

Meine Orientierung im Leben

Fassen Sie das, was Ihre bisherige Motivation in Ihrem Leben am besten skizziert, in ein Motto und beschreiben Sie es im Geiste einem Kind oder Jugendlichen. Finden Sie Antworten auf diese Fragen:

- Was ist in meinem Alltag besonders zu berücksichtigen?
- Woran muss ich mich in meinem Leben unbedingt halten?
- Was ist für mich ein erfolgreiches Leben?
- Wie gehe ich am besten mit Herausforderungen um?

Anhand Ihrer Antworten erstellen Sie eine Liste mit den Punkten, die Ihnen im Leben am wichtigsten sind, und ordnen sie nach ihrer Priorität für Sie. Halten Sie Ihre drei wichtigsten Überzeugungen, die zu Ihrer momentanen Lebensorientierung geführt haben, stichpunktartig fest, bevor Sie sie bewerten:

- Wie wirken meine Einstellungen auf mich?
- Wie wirken sie sich auf mein Umfeld aus?
- Was daran ist für mich motivierend und hilft mir, einen erfüllenden Weg einzuschlagen und/oder weiterzugehen?
- Von welchen hinderlichen Einstellungen und Verhaltensweisen will ich mich lösen?

Wenn Sie auf einen neuen Kurs kommen möchten, kaufen Sie sich ein schönes Buch mit vielen leeren Seiten. Dahinein schreiben oder zeichnen Sie die Ihnen wichtigen Themen, Gedanken und Beobachtungen, die Sie im Hinblick auf eine Neuausrichtung haben. Machen Sie dieses Buch zu Ihrem Begleiter auf Ihrem neuen Weg. Mit der Zeit werden Sie sehen, wie sich hier eine neue biografische Lebensspur entwickelt, der Sie folgen können.

Was will ich wirklich?

Eine gute Resonanzfähigkeit basiert darauf, dass wir akzeptieren, dass wir sowohl unser Umfeld beeinflussen als auch von ihm beeinflusst werden, sagt Hans-Jürgen Stöhr. Seine These lautet: Alles Menschliche ist Begegnung. Demnach ergibt sich unser biografisch gewachsenes Fühlen, Denken, Entscheiden und Handeln gleichermaßen aus unserer Selbstwirksamkeit wie aus dem Wirken der Umwelt auf uns. Die Begegnung mit anderen ist also auch immer eine Begegnung mit uns selbst, mit der eigenen Persönlichkeit. In diesem Wechselspiel vollzieht sich das menschliche Leben – beruflich wie privat.

Katarina Michel geht davon aus, dass es in jeder Biografie einen roten Faden gibt. Jeder Mensch hat demnach bestimmte Fähigkeiten und Gaben, die sich Situationen suchen, in denen sie sich entfalten können. Die innere Einstellung findet Möglichkeiten, sich zu zeigen. Das Leben schenkt uns Chancen, in denen sich unsere Talente zeigen können, meint Michel. Sie appelliert daran, dass wir unsere wirklichen inneren Qualitäten leben – und nicht unsere anerzogenen Vorstellungen davon, wie wir sind oder sein sollten. Die Aufgabe ist, das Echte in uns zu entdecken: das, was uns wirklich ausmacht.

ICH ERINNERE MICH

- Inwieweit stimmen die Vorstellungen anderer Menschen, die meine Biografie geprägt haben, von mir mit dem überein, wie ich wirklich bin?
- Kopiere ich nur etwas, das ich in meiner Umgebung sehe oder aus meiner Geschichte kenne?
- Denke ich aufgrund von Erfahrungen, ich muss auf bestimmte Weise wirken und funktionieren?
- Welche Werte habe ich bislang vertreten?
- Wo lagen bislang meine Grenzen?
- Wo war ich bereit, Kompromisse zu schließen; und waren es gute oder faule?
- Was war mir immer wirklich wichtig?

Wir alle wollen glücklich sein. Doch oftmals sind wir uns nicht bewusst, dass ein glückliches Leben nicht vom Zufall bestimmt wird, sondern wir selbst aktiv dazu beitragen können und müssen. Die Voraussetzungen zum Glück können wir nur in uns selbst finden: Selbstwertschätzung, Sinnhaftigkeit und der Mut, wir selbst zu sein.

ÜBUNG

Meine Voraussetzungen zum Glücklichsein

Machen Sie sich Notizen zu den folgenden Impulsfragen:

- Anerkenne ich meinen Wert?
- Gibt es etwas, das mich an einem positiven Selbstvertrauen hindert?
- Kann ich meinen inneren Kritiker konstruktiv nutzen?
- Bin ich in der Lage, meine Gefühle konstruktiv zu steuern und zu leben?
- Bestimmen meine eigenen Bewertungen über meine Gedanken und Gefühle oder das, was andere (über mich) sagen, mein Leben?
- Gibt es einschränkende Glaubenssätze, die meine bisherige Biografie geprägt haben oder aus ihr resultieren, und wie kann ich sie verändern?
- Habe ich positive Erfahrungen betreffend meiner Selbstwirksamkeit?

- Habe ich ermutigende Vorbilder für ein glückliches Leben?
- Erlebe ich Sinnhaftigkeit in meinem Leben?
- Verfüge ich über konkrete Ziele, eine realistische Selbsteinschätzung und eine gute Motivation, um mein Leben so zu gestalten, dass es mir entspricht?

Der Psychotherapeut Jörg Berger meint, dass wir durch die echte und ehrliche Auseinandersetzung mit unserer Biografie Erkenntnisse gewinnen können, die nicht nur oberflächlich oder egozentrisch geprägt sind – nach dem Motto: So bin ich halt –, sondern Mut und Freude finden, zu uns selbst zu stehen, auf eine großzügige und liebenswerte Art, die sich so anhört: Wenn ich es wage, der Mensch zu sein, zu dem mich meine Begabungen, Erfahrungen und meine Geschichte gemacht haben, kann ich mir selbst und anderen am meisten geben.

ICH ERINNERE MICH

- Was treibt mich im Leben an?
- Wie konnte ich diese Energie bislang im Umgang mit mir selbst und anderen Menschen nutzen?
- Was ist das Beste, das ich zu geben habe?
- Was gehört so fest zu mir, dass ich es nicht opfern will?

Gute Entscheidungen

Wer sich traut, einen Entschluss zu fassen, ist in der Regel mit dem Ergebnis – selbst wenn es nicht hundertprozentig den eigenen Wünschen und Zielen entspricht – zufriedener als jemand, der (wichtige) Entscheidungen vor sich herschiebt und in anhaltender Unsicherheit verbleibt. Die gute Botschaft lautet also: Es muss gar nicht der beste oder perfekte Entschluss sein, der uns im Leben voranbringt – es genügt, wenn wir die Realität mit unseren Erwartungen annähernd in Übereinstimmung bringen. Worauf es ankommt, ist eine gute Balance zwischen unseren Erwartungen, deren wir uns genau bewusst sein sollten, und einer angemessenen Frustrationstoleranz im Umgang mit Enttäuschungen.

Wer dagegen stets das Optimum sucht und auf ihm besteht, wird auf seinem Weg kaum jemals zufrieden sein. Eine genügend gute Entscheidung braucht immer auch etwas Risikobereitschaft. Dazu sollten wir uns im Vorfeld nur auf die Aspekte konzentrieren, die für die konkrete Situation in unserem Leben, in der entschieden werden soll, wirklich relevant sind. Auf diese Weise gelingt es, innerhalb des Zeitfensters, das für die Entscheidung zur Verfügung steht, und einem stets nur begrenzt verfügbaren Wissen zu einem zufriedenstellenden Entschluss zu kommen, der in ausreichendem Maß unseren Erwartungen und Wünschen entspricht, ohne optimal sein zu müssen. Wer stets die allerbeste Wahl treffen will, dessen Suche nach dem maximalen Ergebnis endet vermutlich nie und ist von daher zum Scheitern verurteilt.

Wenn Sie im Laufe Ihrer beruflichen oder persönlichen Biografie eine wichtige Entscheidung treffen müssen und mit ihr ringen und hadern, fragen Sie Menschen unterschiedlichen Alters und aus verschiedenen Umfeldern, welchen Rat sie Ihnen geben können. Je mehr biografische Unterschiede diese Menschen haben, umso interessanter die Antworten und der Prozess, der dadurch in Ihnen in Gang gesetzt wird.

Die bekannten Pro-und-Kontra-Listen sind dann hilfreich für eine Entscheidung, wenn die Fakten und Gründe sortiert und gegenübergestellt werden sollen. Dann aber müssen für einen stimmigen Entschluss unbedingt auch Intuition und Emotion hinzukommen. Ratio und Gefühl ergänzen sich. Viele kleinere Entscheidungen im täglichen Leben laufen automatisch und ohne größere Überlegung oder Emotion ab. Bei biografisch relevanten Entscheidungen sollten neben der Analyse aber unser

Bauchgefühl und unsere Intuition das Zünglein an der Waage sein. Nicht wenige Nobelpreisträger machen solche »Eingebungen« für ihren Erfolg verantwortlich. Sie haben sich in ihrer Forschung Schritt für Schritt in eine bestimmte Richtung bewegt, konnten aber zunächst nicht unbedingt sagen, weshalb. So geht es uns auch, wenn wir uns von etwas in besonderer Weise angezogen oder abgestoßen fühlen. Bauchgefühle können wir nicht bewusst und durch Willensanstrengung hervorrufen, sie lassen sich aber auch nicht verhindern.

ÜBUNG

Träum mal drüber nach

Träume können gute Wegweiser zu unseren verborgenen Talenten sein, indem sie uns offenbaren, was wir uns innerlich verbieten und nicht ausleben. So können wir Kraft und wegweisende Impulse aus unseren Träumen schöpfen. Denken Sie an einen konkreten Traum, den Sie in letzter Zeit hatten, und beantworten Sie sich die folgenden Impulsfragen dazu:

- Für was könnte eine bestimmte Person oder Situation in meinem Traum stehen, und was könnte dies mit meiner Biografie zu tun haben?
- Wozu führt das Verhalten der verschiedenen Akteure, die im Traum auftreten?

- Verflüchtigt oder verdichtet sich etwas in der Traumhandlung?
- Welche Entscheidungen oder Handlungsimpulse könnte ich aus diesen Erkenntnissen ableiten?

Biografische Wertebasis

Jeder Mensch dürfte mehr als einmal im Laufe seines Lebens vor einer Entscheidung stehen, die seine weitere Biografie beeinflusst. Das fängt an mit der Wahl der Ausbildung und des Berufs, geht über verschiedene berufliche Stationen und über die Entscheidung für bestimmte Lebensorte bis hin zu der Frage, ob man sein Leben als Single oder in einer Partnerschaft verbringt, eine Familie gründet oder nicht. Biografische Entscheidungen spielen eine wichtige Rolle für unser Leben. Meistens sind sie aber nicht simpel und leicht zu treffen, denn dann würde eine bestimmte Alternative unter mehreren als deutlich beste Wahl hervortreten. Die Realität ist meist anders und verschiedene Alternativen haben unterschiedliche Stärken und Schwächen. Wir ringen zum Beispiel mit der Frage, ob wir mit der Familie aufs Land ziehen und damit unseren Fahrtweg zur Arbeit mehr als verdoppeln sollen, wo wir in der Stadt mit dem Rad keine zwanzig Minuten brauchen. Dafür könnten wir

auf dem Land günstiger, großzügiger und schöner wohnen. Es gibt also sowohl Gründe dafür, in der Stadt zu bleiben, als auch dafür, aufs Land zu ziehen.
Die meisten Menschen sammeln bei biografischen Entscheidungen erst einmal so viele Informationen wie möglich, um auszuloten, was für und was gegen einen bestimmten Entschluss sprechen könnte. Das Problem dabei sind die erwähnten mehreren Alternativen, die in vielen Fällen gleichwertige Stärken und Schwächen besitzen können. Aber auch zwischen nur zwei gleich guten Optionen kann nicht leichtfertig entschieden werden. Im Beispiel mit der Abwägung, entweder in der Stadt zu bleiben oder aufs Land zu ziehen, würde man wohl kaum im einen Fall die Familie aufgeben oder im anderen Fall den guten Job. Keine Option ist hier die »bessere«. Damit stellt sich nun die Frage danach, wie wir zu einer Bewertung von Optionen und Alternativen kommen. Dazu müssen wir uns unsere eigenen Wertvorstellungen bewusst machen, die wir im Laufe unserer Biografie entwickelt haben. Sie ermöglichen es, eine Priorisierung und Gewichtung der unterschiedlichen Aspekte von Entscheidungsalternativen vorzunehmen, die es uns leichter machen, gute – das heißt, zu uns und unserem Leben passende – Entschlüsse zu fassen.

Jeder Mensch hat Werte, die seine Biografie bestimmen. Werte sind erst einmal nichts anderes als das, was jemand wertvoll findet: alles, was für uns wichtig ist, was wir schätzen, was wir möchten, wünschen und ersehnen – also einen Wert für uns hat. Unsere Werte haben sich individuell aufgrund unserer biografischen Erfahrungen und Prägungen entwickelt und können durchaus widersprüchlich sein. Bei im Gegensatz zueinander stehenden Werten können wir in einen Konflikt geraten. Im Beispiel vom Leben mit der Familie auf dem Land oder dem kurzen Arbeitsweg in der Stadt stehen bestimmte Werte und Bedürfnisse erst einmal scheinbar gegeneinander. Wie wir jetzt reagieren und Impulsen für eine Entscheidung nachgehen, hängt damit zusammen, was wir hier als falsch und richtig ansehen – nicht im besserwisserischen oder moralischen Sinn, sondern bezogen auf unsere persönlichen Werte, die wir nicht aufgeben möchten. Wir halten ja nicht ohne Grund manche Dinge für besonders wichtig, wir versprechen uns etwas davon für unsere biografische Entwicklung. Deshalb lohnt sich die Überprüfung, was hinter unseren Werten steht und was wir uns durch sie erhoffen. Das ist auch für die Ab- und Übereinstimmung unserer Werte mit denen der Menschen in unserem Umfeld von Bedeutung, damit wir nicht mit erhobenem Zeigefinger daherkommen, um unsere Bedürfnisse einseitig durchzusetzen. Zu unserer Biografie passend ist ein Wert dann, wenn er hält, was er verspricht und uns wirklich glücklicher und zufriedener macht.

Überprüfen Sie Ihre Werte! Wenn Sie den falschen nachjagen, werden Sie enttäuscht oder sogar unglücklich sein. Zum Beispiel träumen die meisten Menschen von einem Lottogewinn, mit dem sie ihren Job an den Nagel hängen können. Studien mit Lottogewinnern haben jedoch gezeigt, dass die Freude und das Glück nur kurz anhalten und die Menschen danach häufig unglücklich werden. Ihr Leben wurde durch den Gewinn nicht leichter und freier, sondern komplizierter und schwieriger.

ÜBUNG

Meine Wertebasis

Orientieren Sie sich in Ihrem Leben in die richtige Richtung, die Ihnen ein sinnhaftes Da- und So-Sein in Übereinstimmung mit Ihren Werten ermöglicht?

Um eine Antwort darauf zu finden, überlegen Sie, inwieweit die nebenstehenden Aussagen für Sie zutreffen:

- Ich habe noch Ziele und Wünsche an mein Leben, die ich an dem Platz, wo ich bin, verwirklichen kann.
- Mein Leben ist bunt und lebendig.
- Wenn ich meine nächsten Ziele erreicht habe, wird mein Leben noch erfüllter sein.
- Meine Ziele sind auch die der Gemeinschaft, in der ich lebe und arbeite.
- Das Leben, das ich führe oder in der nächsten Zeit führen kann, entspricht meinen Wünschen.

Nun stellen Sie sich vor, dass eine Fee erscheint und sagt, dass Sie jetzt die einmalige Chance haben, dass in einem Jahr Ihr Leben genau so sein wird, wie Sie es möchten. Sie müssten sich jetzt sofort entscheiden.
Welchen Wunsch für Ihr Leben äußern Sie?

Entscheidungskunst

Können wir hinter unseren biografischen Entscheidungen stehen, gehen wir mit ihnen eine Art Beziehung ein. Es ist dann wie mit den Menschen, die uns nahestehen – sie haben neben ihren Vorzügen auch Nachteile, und dennoch halten wir zu ihnen. Manche Ereignisse in unserer Biografie hätten wir uns nie erträumt, und doch passieren sie. Ist das dann Zufall oder das Ergebnis unseres guten Plans für unser Leben – oder von beidem etwas? Die Anhänger der Aufklärung sind sich einig, dass alles im Leben berechenbaren Gesetzen folgt. Ihnen zufolge liegt nicht nur die biografische Vergangenheit auf der Hand, sondern auch unsere Zukunft ist plan- und berechenbar. Sie lehnen es daher ab, hinter scheinbaren Zufällen einen tieferen Sinn zu sehen. Doch: Auch Zufälle werden zwischenzeitlich wissenschaftlich untersucht und berechnet. Dabei zeigt sich anhand zahlreicher Erfahrungsberichte von Menschen, dass sich bei denen, die sich für ungewöhnliche und unerklärliche Synergien durch Begegnungen und Ereignisse öffnen, die Zufälle im Leben häufen. Diese Menschen zeichnen sich dadurch aus, dass sie neben ihrem persönlichen biografischen Plan auch die Bereitschaft haben, sich durch das, was ihnen passiert, wandeln zu lassen. Zufälle ergeben sich somit infolge von Entscheidungen, die wir aufgrund unserer Interpretation von Erfahrungen treffen. Sie sind das, was wir aus ihnen machen.

Wenn wir die Kunst guter Entscheidungen beherrschen wollen, gilt vor allem: dranbleiben und all das auf unserem Weg fördern, was sich für uns auf Dauer gut und stimmig anfühlt. Wer hinter einem getroffenen Entschluss wirklich steht, hält auch vorübergehende Frustrationen und Enttäuschungen aus und kann unterm Strich das Beste aus einer Situation machen.

Vieles, was uns im Leben begegnet, ließe sich sowohl im positiven als auch im negativen Sinne interpretieren. Um am Ende des Lebens sagen zu können: »War doch alles gar nicht so schlecht«, kann man schon früh eine Perspektive mit eher positivem Fokus einnehmen. Wem es gelingt, sich nicht mit anderen Menschen zu vergleichen, günstige Deutungen von Erfahrungen zu entwickeln und sich immer wieder neue Ziele zu suchen, kann sich mit seiner Biografie immer wieder versöhnen, auch wenn nicht alles nach Plan läuft.

Alles, was Sie im Laufe der Jahre zufrieden oder sogar glücklich stimmt, ist ein Gewinn, eine Art biografisches Guthaben, das Sie ansammeln und das auch im Jetzt und in der Zukunft positiv zu Buche schlägt. Um diesen Gewinn »zu erwirtschaften«, müssen Sie aber zunächst investieren – in Form von geistigen und emotionalen Einzahlungen auf Ihr biografisches Lebenskonto (indem Sie sich Ihre persönlichen Werte bewusst machen, den roten Faden in Ihrem Leben finden und ihm folgen, dabei offen bleiben für Ihr Umfeld und dadurch gute Entscheidungen treffen). Je mehr Sie sehen und erfahren, wie sich Ihre Investition in Form von Sinn und Erfüllung Ihres Lebens »lohnt«, umso stärker bleiben Sie an der aktiven Gestaltung Ihrer Biografie dran. Sie beleben Ihr

Leben und lassen es nicht nur geschehen und die Jahre an sich vorüberziehen.

ÜBUNG

Werte und ihr Preis

Das Integrieren Ihrer persönlichen Werte in Ihr biografisches Selbstkonzept und Ihre Entscheidungen hat immer auch einen Preis: Sie müssen im Austausch mit den Menschen in Ihrem Umfeld Abwägungen treffen. Dabei können Ihnen die Antworten auf die folgenden vier Fragen helfen:

1. Verfolge ich die wichtigsten Werte meines Lebens?
2. Was war mir in der Vergangenheit wichtig, was ist mir jetzt wichtig, und was wird mir in der Zukunft wichtig sein?
3. Zwischen welchen eigenen widersprüchlichen Werten oder gegensätzlichen Werten der Menschen in meinem Umfeld erlebe ich einen Konflikt, der mich Kraft kostet?
4. Welchen Preis zahle ich bei diesem Wertekonflikt und tut er mir weh? (Falls ja, wie kann ich mich so entscheiden, dass ich gut damit leben kann?)

3

Wendepunkten mutig begegnen

Wendepunkte in der Biografie kündigen sich meistens in Form von Hindernissen an, an denen wir uns bewähren müssen und damit Veränderungen einleiten. Die Umstände solcher Hindernisse fordern uns heraus, unsere Gedanken zielgerichtet zu strukturieren, unsere Gefühle zu steuern und uns so zu verhalten, dass positive Entwicklungen möglich sind. Dabei spielt die bisherige Biografie eine wichtige Rolle: Wie intensiv wir Gefühle erleben und wie wir mit unseren Emotionen umgehen, ist ein Stück weit genetisch veranlagt. Aber zu einem großen Teil bestimmen sowohl unsere Persönlichkeit als auch unsere Lebenserfahrungen mit darüber, wie wir über uns selbst und unsere Umwelt denken und ob wir Hindernissen eher negativ gegenüberstehen oder sie mit Zuversicht und Mut angehen – und diese biografischen Faktoren können wir in einem bestimmten Maß beeinflussen:

durch mentales Selbstmanagement. Unabhängig von unseren bisherigen Erfahrungen können wir am Aufbau unserer inneren Stärke und Entscheidungsfähigkeit arbeiten und Zeit und Energie investieren, um Hindernisse in Chancen umzuwandeln und unseren weiteren Weg selbstbewusst und selbstwirksam zu gehen.

Wenn wir die mentale Kraft zur Gestaltung unseres Lebens nicht nutzen und keine auf unseren biografischen Prägungen basierenden gesunden Grenzen setzen, geben wir die Macht über unseren Lebensweg an andere Menschen ab, indem wir ihnen zu großen Einfluss auf uns einräumen. Das passiert, wenn wir zum Beispiel aufgrund unserer Geschichte nicht zur rechten Zeit Nein sagen und nicht für unsere Bedürfnisse einstehen. Oder wenn wir Angst davor haben, dass andere Menschen uns Schuldgefühle machen, wenn wir uns abgrenzen und nicht so um sie kümmern, wie sie es sich wünschen.

Ungeklärte biografisch entstandene Hemmnisse, die Ihre Selbstwirksamkeit beeinträchtigen, führen auf Dauer in die Hilflosigkeit. Sie sind dann nicht mehr selbst Gestalter Ihres Weges, sondern lassen sich vielmehr von anderen Menschen leiten und führen – statt von sich selbst und dem, was Sie wirklich wollen. Statt Probleme zu lösen und

Hindernisse zu bewältigen, verlieren Sie den Mut und haben allerhand Ausreden parat, weshalb Sie es nicht tun können. So werden Sie zum Opfer der Umstände Ihres Lebens – statt zu seiner gestaltenden Kraft. Mentales Selbstmanagement ermöglicht Ihnen, Ihre Macht zurückzufordern, wenn Sie sie abgegeben haben, und Ihre Selbstwirksamkeit auszubauen.

Manchmal hindern uns unsere Gedanken und Gefühle daran, unser Verhalten zu verändern, auch wenn wir wissen, dass sich das positiv auf unsere weitere Biografie auswirken würde. Etwas künftig anders zu machen bedeutet, bisherige Gewohnheiten aufzugeben. Das fällt uns oftmals schwer, da wir erst einmal nicht wissen können, was uns das bringt. Wird das Neue wirklich besser sein als das Alte?, fragen wir uns. Wir werden es nur erfahren, wenn wir uns auf den Weg machen und es ausprobieren. Was wir aber mit Sicherheit wissen, ist, dass uns belastende Umstände in unserem Leben nicht weiterführen, wenn wir in ihnen verharren und keine Veränderungen einleiten. In jedem Fall wird unsere Biografie auch immer wieder von Entwicklungen geprägt, die wir nicht vorhergesehen oder angestrebt haben, weil keine Lebensspur nach Plan und statisch verläuft. Was aber in unserer Hand liegt, ist die Art und Weise, wie wir mit ihnen umgehen und sie interpretieren. Indem wir (auch auf den ersten Blick unerwünschte) Veränderungen willkommen heißen und Hindernisse in Kauf nehmen, um daran zu wachsen, erhöhen wir unsere mentale Kraft und können uns selbstwirksam steuern. Das heißt nicht, dass wir die vollkommene Kontrolle über unseren Weg haben, denn vieles unterliegt auch äußeren Einflüssen, aber wir können ihn wirksam mitbestimmen. Wenn wir akzeptieren, dass wir uns gewisse Umstände und Menschen nicht zurechtbiegen können, und Hindernissen gelassener und mutiger begegnen, nutzen wir unsere Ressourcen, um Zeit und Kraft in die Dinge zu investieren, die wir für die aktive Bewältigung und Gestaltung unseres Lebens brauchen und um unsere Ziele dennoch – wenn auch vielleicht in abgeänderter Form – zu erreichen.

Jeder von uns verfügt über einzigartige Gaben und biografische Erfahrungen. Daher vergleichen Sie sich nicht mit anderen Menschen. Es bringt mehr, wenn Sie in Ihre Stärken investieren und in das, was Sie wollen und wer Sie sind, als sich mit anderen zu messen.

ÜBUNG

Biografische Kraftkiller erkennen

Kreuzen Sie an, welche dieser Aussagen auf Sie zutreffen:

- ❑ Es gibt eine oder mehrere ungeklärte »Baustellen« in meiner bisherigen Biografie.
- ❑ Mit manchen wunden Punkten kann ich immer noch nicht so umgehen, dass sie meine persönliche und berufliche Entwicklung nicht beeinträchtigen.
- ❑ Ich bin sehr empfindlich gegen Kritik von außen.
- ❑ Ich zweifle oft an meiner eigenen Einschätzung und höre lieber auf das, was andere meinen.
- ❑ Ich traue mir nicht zu, Probleme zu lösen – deshalb gehe ich ihnen lieber aus dem Weg.
- ❑ Konflikte setzen mich unabhängig vom Ausmaß unter Druck.
- ❑ Ärgernissen hänge ich lange nach und kann sie schlecht loslassen.
- ❑ Ich habe kein Vertrauen in meine Fähigkeit.
- ❑ Ich kann Brüche in meiner Biografie nicht akzeptieren.
- ❑ Meine Vergangenheit beeinflusst stark die Gegenwart und meine Zukunft.
- ❑ Es fällt mir schwer, mich von Situationen oder Menschen zu lösen, auch wenn sie mir nicht guttun.
- ❑ Ich kenne meine Ziele, Wünsche und Bedürfnisse nicht wirklich.

- ❑ Ich kann meine Wünsche und Bedürfnisse schlecht ausdrücken und durchsetzen.
- ❑ Ich habe das Gefühl, nicht wirklich mit meinem Herzen in Kontakt zu sein.
- ❑ Phasen der Unsicherheit oder Widersprüche kann ich nur schwer aushalten.

Wenn Sie mehr als ein bis zwei Aussagen angekreuzt haben, scheinen biografisch verursachte Umstände Ihre Entwicklung stärker zu beeinträchtigen. Hier könnten Sie mit Literatur und Selbsterfahrung an die Grenzen kommen, sodass es besser ist, wenn Sie sich eine psychologische Begleitung in Form eines Coaches oder Therapeuten suchen. So können Sie positiv unterstützt gezielt an biografisch verursachten Wunden arbeiten, um mit Mut und Zuversicht Ihren weiteren Weg zu gehen.

Eigene Stärken (wieder)entdecken

Gerade wenn es um innere Stärken und den Umgang mit Veränderungen geht, kann der Rückblick auf die Strategien unserer Kindheit und Jugend sehr nützlich sein. In jungen Jahren sind wir oftmals noch kreativer und weniger festgelegt im Finden von Lösungen – bevor uns zu viele Prägungen durch wiederholte Erfahrungen in unserem Umfeld ihren Stempel aufdrücken.

ICH ERINNERE MICH

- Mit welchen Tricks konnte ich in meiner Kindheit und Jugend meinen Ärger sofort verfliegen lassen?
- Wie habe ich als Kind spielerische Lebenskunst gepflegt?
- Sicher bin ich in jungen Jahren schon einmal in meinen Gedanken zum Mond gereist: Wie war es, das Geschehen auf der Erde von dort aus zu betrachten?
- Wie konnte ich als Kind oder Jugendlicher die Sonne in mein Herz lassen?
- Durch welche Fragen konnte ich in meiner Kindheit die Welt (neu) entdecken?
- Wie habe ich mir früher Mut gemacht?
- Wie habe ich es schon einmal geschafft, einem Problem die nötige Zeit zu seiner Lösung zu geben, ohne vorschnell zu agieren?
- Wie konnte ich als junger Mensch Vertrauen in mich entwickeln – wo und wann ist es mir gelungen?

Mithilfe Ihrer Erinnerungen können Sie sich gezielt vor Augen führen, welche persönlichen Qualitäten Sie besitzen, die Ihnen bisher auf Ihrem Lebensweg geholfen haben und deren Sie sich auch für die Zukunft gewiss sein können.

ÜBUNG

Mein Stärken-Portfolio

Gestalten Sie Ihr persönliches Portfolio Ihrer Fähigkeiten und Stärken, indem Sie die folgende Liste für sich ausfüllen:

- Das glaube ich in Bezug auf meine positiven Fähigkeiten:
- Diese tollen Eigenschaften sind typisch für mich:
- Das kann ich gut:
- Das mag ich an mir:
- Hier erlebe ich mich als kompetent:
- Hierauf bin ich stolz:
- Diese persönliche Leidenschaft besitze ich:
- Das finden mindestens zwei Menschen an mir stark:
- Hier werde ich öfter um Rat gefragt:
- Dieses Kompliment höre ich öfter:
- Dieses Problem habe ich erfolgreich gelöst:
- Dieses Hindernis habe ich überwunden:
- Diesen Erfolg kann ich verbuchen:
- Das sind positive Veränderungen, die ich anpacken will:

Loslassen macht die Hände frei

Während manchen Menschen erst bei Wendepunkten und unerwarteten Veränderungen des bisherigen Weges der Mut abhandenkommt, fehlt er anderen schon von Anfang an. Schon bei Kindern zeigt sich, dass sie mit unterschiedlicher Offenheit an neue Erfahrungen herangehen. Zögerliche und misstrauische Kinder stehen auch als Erwachsene Neuem eher ablehnend gegenüber, und wer schon als Kind offen und neugierig auf Neues zugegangen ist, lässt sich auch später leichter auf Veränderungen und Neuanfänge ein.

ICH ERINNERE MICH

- Wie war ich früher?
- An welche Veränderungen in meiner Kindheit und Jugend erinnere ich mich?
- Wie bin ich mit ihnen umgegangen?
- Wie gehe ich heute mit Abschied von Vertrautem und Neuanfängen um?

Besonders viel Mut brauchen wir, wenn wir weitgehend unabhängig von unserem Umfeld und von außen kommenden Veränderungen einfach unseren Träumen und Wünschen folgen wollen. Ein solches Bedürfnis muss gar nicht immer in einem ganz anderen Leben münden, sondern manchmal genügt ein Zugeständnis, indem man sich eine Nische schafft, um in beiden Welten leben zu können. So wie Karin, die ihre Tätigkeit als Ärztin auf 80 Prozent reduziert hat, um an einem Tag der Woche zu töpfern und am Wochenende ihre Ware auf einem Markt zu verkaufen. Für sie ist es ein Luxus, in zwei Welten arbeiten und leben zu dürfen, und er macht sie glücklich. Die Musikerin Irmtraud Tarr ist der festen Überzeugung, dass wir immer auch eine andere bzw. ein anderer sein können. Sie rät ihren Studenten, nie nur eine Sache, sondern immer zwei zu machen. Lebe ein Doppelleben, und am besten ist es, zwei ganz verschiedene Dinge zu tun, lautet ihre Empfehlung. So kann man sich bei der einen Tätigkeit von der anderen erholen, ist nicht abhängig von einer Sache und steht weniger unter Druck, in einem Bereich besonders gut sein zu müssen.

Es kommt aber nicht nur darauf an, den nötigen Mut für Veränderung zu finden, sondern auch an der richtigen Stelle anzusetzen. So hat Katarina Michel festgestellt, dass manche Menschen bei Veränderungswünschen in ihrem Leben durchaus zu radikalen Schritten bereit sind – dies aber vor allem im Äußeren. Sie kündigen ihre Arbeit, verlassen den Partner und ziehen um. Die wahre Veränderung findet laut Michel aber zunächst im Inneren statt, sonst nimmt man seine Probleme in das neue Umfeld mit. Dazu braucht es Selbstreflexion – und dann das täglich neue Einüben dessen, was verändert werden soll. Dann ist es oftmals gar nicht mehr nötig, im Außen alles umzuwerfen, weil das Umfeld sich der inneren Veränderung anpasst. Manchen Menschen geht es allerdings mehr darum, durch äußere Veränderungen anderen etwas zu demonstrieren, wobei sie innerlich der-/dieselbe bleiben, der/die sie waren. Michel sieht darin eine Flucht, denn so verändert man seine inneren Muster nicht. Nur aus der inneren echten Verwandlung kommen neue Möglichkeiten – die man weder erzwingen kann noch muss. Dafür haben diese dann aber Bestand und tragen einen weiter, weil man aus seinen bisherigen Mustern ausgestiegen ist.

ÜBUNG

Meine Muster aufs Spiel setzen

Mit dieser Übung können Sie den derzeitigen Stand Ihrer Einstellungen, Gefühle und Verhaltensweisen in Bezug auf eine bestimmte Situation bewusst wahrnehmen und in einem zweiten Schritt auch verändern – und schauen, was sich an Handlungsimpulsen für Ihren weiteren Weg daraus ergibt.

- Suchen Sie sich verschiedene Spielfiguren in unterschiedlichen Farben und Größen zusammen, und nehmen Sie beliebige Gegenstände, die Ihre innere und äußere »Landschaft« symbolisieren könnten, dazu (zum Beispiel Tücher, Steine oder Holzstücke).
- Konkretisieren Sie Ihre Frage zu dem Anliegen, das Sie klären möchten. Nehmen Sie sich etwa zehn Minuten, um Ihr Anliegen aufzustellen, indem Sie die Spielfiguren für verschiedene Personen oder Anteile in Ihnen selbst (zum Beispiel für gegensätzliche Wünsche oder Werte) einsetzen und die zusätzlichen Materialien für die Unterscheidung zwischen der inneren und der äußeren Welt nutzen.
- Betrachten Sie nun die Szene und nehmen Sie wahr, wie sie auf Sie wirkt und welche Stimmung sie in Ihnen auslöst. Geben Sie der Szene einen Titel. Wo stehen Sie und wo stehen andere Personen – oder wie stehen die verschiedenen Anteile in Ihnen zueinander? Wenn

nötig, können Sie Ergänzungen oder Veränderungen im Aufbau vornehmen, um etwas zu verstärken oder abzumildern.

- Schauen Sie sich das Szenario nochmals genau an und spüren Sie in sich hinein: Wo fühlen Sie sich besonders wohl oder unwohl? Was schränkt Sie ein – wo möchten Sie einen neuen Zugang eröffnen? Welche Kraftkiller möchten Sie loswerden oder in Kraftquellen verwandeln? Wo könnten neue biografische Wege entstehen? Was könnte in dieser inneren und/oder äußeren Landschaft neu erblühen? Wo muss Altes losgelassen werden, um Platz für Neues zu schaffen? Bauen Sie die Szene weitere zehn Minuten lang entsprechend um.
- Zum Schluss machen Sie ein Foto von dem neuen Szenario – Ihr motivierendes Zielbild für Ihren weiteren biografischen Weg.

Neuanfänge gestalten

Es sind vor allem die Neuanfänge in unserem Lebenslauf, an die wir uns lange und mit bewegenden Emotionen erinnern. Daher können wir guten Mutes und mit Zuversicht auf Wendepunkte zugehen. Die meisten Menschen sind glücklicher oder zumindest zufriedener, wenn sie wichtige Entscheidungen für biografische Veränderungen getroffen und umgesetzt haben. Deshalb sollten wir nicht zu vorsichtig sein und uns vor allem nicht zu wenig zutrauen.

Fünf Einstellungen und Handlungsweisen erleichtern es Ihnen, eine positive Ausrichtung auf die Welt und Neuanfänge in Ihrem Leben zu entwickeln:

1. *Sie sehen sich nicht als Spielball Ihrer Biografie, sondern Sie gestalten und bestimmen den Lauf der Dinge mit.*
2. *Sie erleben und sehen sich als selbstwirksam und trauen sich zu, aus eigener Kraft Ihre Ziele zu erreichen und Lösungen für Probleme zu finden.*
3. *Sie verfügen über ein gutes Selbstwertgefühl und Selbstvertrauen und erwarten einen positiven Verlauf und günstige Veränderungen in Ihrer Biografie.*
4. *Sie wissen, dass es für Sie nie nur eine, sondern eine Vielzahl an Möglichkeiten gibt, und Sie nutzen Chancen und Optionen, die sich auf Ihrem Weg abzeichnen.*
5. *Sie sehen sich nicht allein für Misserfolge im Leben verantwortlich und erkennen Rückschläge und Krisen als vorübergehende Ereignisse an, von denen Sie sich kraft Ihrer Fähigkeiten wieder lösen und weiterentwickeln können.*

Als wir als Kinder das Laufen lernten, sind wir anfangs bis zu hundert Mal am Tag hingefallen – welche Frustrationstoleranz, es immer wieder zu versuchen, bis es klappt. Mancher Erfinder hat Jahrzehnte gebraucht und unzählige Fehlschläge erlebt, bis er ein reifes und erfolgreiches Produkt auf den Markt brachte. Als Erwachsene gehen wir meistens leider nicht mehr entspannt mit Fehlschlägen um. Kleinere und größere Misserfolge sind im Leben jedoch die Regel und nicht die Ausnahme. Die meisten von uns haben schon einmal die Erfahrung gemacht, dass eine Schlappe auch etwas Gutes hatte. Erfolgreiche Menschen geben nach Rückschlägen nicht auf und lassen sich durch Sackgassen nicht entmutigen, sondern suchen einfach nach neuen Wegen, um weiterzumachen. Sie zweifeln nicht grundsätzlich an sich, wenn sie ein Ziel einmal verfehlt haben. Wie wir mit Misserfolgen in unserem Leben umgehen, bestimmt maßgeblich darüber, wie unser weiterer Weg verläuft. Das heißt nicht, dass eine Niederlage nicht wehtut, aber es ist wichtig, dass wir uns davon nicht im Hinblick auf unsere grundsätzliche Lebensorientierung beirren lassen. Wir können ein Scheitern im Sinne unserer Entwicklungsfähigkeit nutzen und uns fragen, welche Kompetenzen wir vielleicht noch erwerben oder erweitern müssen, damit es beim nächsten Mal klappt. Es kann auch sein, dass wir uns bislang in einem falschen Umfeld bewegt haben, wo wir unsere Talente und Fähigkeiten nicht entsprechend einbringen konnten. Aus dieser Perspektive betrachtet, kann ein Scheitern einen Anreiz darstellen, um weiterzulernen und an Herausforderungen zu wachsen.

Tipp: Wenn Sie – egal, wie jung oder alt Sie sind – eine Idee haben und zeitweise den Mut verlieren, ihr zu folgen und ihr inneren und äußeren Freiraum zu geben, können Sie sich von dem Bilderbuch *Was macht man mit einer Idee?* von Kobi Yamada (Adrian Verlag 2017) inspirieren und zu Ihrer wahren Kraftquelle führen lassen.

Resilienz entwickeln

Lebensmut hilft Menschen, sich Herausforderungen zu stellen und auch schwierige Zeiten vertrauensvoll zu überstehen oder sogar bewusst zu gestalten. Unser Lebensmut ist eng verbunden mit dem Erleben der eigenen Widerstandskraft (Resilienz). Wenn wir auch unter Stress einen kühlen Kopf bewahren, können wir Probleme analysieren und Lösungen finden. Menschen mit einer guten Resilienz verzweifeln nicht, wenn ihnen das Leben einmal übel mitspielt. Vielmehr gelingt es ihnen, aus Krisen sogar gestärkt hervorzugehen und zukünftige schwierige Phasen sogar leichter zu überwinden. Wer resilient ist, lässt sich nicht so leicht aus der Bahn werfen, kann auch mit etwaigen negativen Gedanken besser umgehen und sich stärker auf seine positiven Kräfte konzentrieren – und so seine psychische Gesundheit nach einem Tiefschlag schnell wiederherstellen. Auch sucht er in einer Krise nicht nach einem Schuldigen, sondern konzentriert sich darauf, wie er in seine Handlungsfähigkeit gelangt, um einen Ausweg zu finden. So lässt sich der Weg der Neuanfänge beschreiten.

Dabei ist Resilienz das Ergebnis eines Lernprozesses. In jungen Jahren haben wir in der Regel noch wenig Regenerationserfahrung, auf die wir im Ernstfall zurückgreifen könnten. Doch im Laufe der Jahre erleben wir immer häufiger, dass es immer irgendwie weitergeht. Wir gewöhnen uns an bestimmte Stressfaktoren in unserem Leben und an zeitweise Turbulenzen. Biografiearbeit ist eine großartige Chance, um uns unsere innere Kraft und unsere persönlichen Gaben bewusst zu machen – indem wir schauen, auf welche Weise wir bereits einige Schlachten in unserem Leben erfolgreich geschlagen haben und erkennen, was uns auch in schwierigen Phasen antreibt, weiterzumachen bzw.

wie wir uns vor Überlastung schützen können. Allerdings ist der Mensch nicht unendlich belastbar, und das sollte auch niemand von sich verlangen. Sehr schwere Krisen wie der Verlust eines geliebten Menschen, ein Unfall oder eine schwere Erkrankung benötigen ihre Zeit zur Bewältigung, bis man wieder nach vorne schauen kann.

Der Glaube an die eigenen Gaben hilft uns, Selbstzweifel abzuschwächen und innere Zufriedenheit zu erlangen. Gespeist wird dieser Glaube aus dem eigenen Selbstwert. Wer eine gute Meinung von sich hat, hat es leichter im Leben. Er verkraftet Fehlschläge besser, stellt sich zuversichtlicher neuen Herausforderungen, hat mehr Mut und vertraut auf seine Stärken. Kurzum: Das Leben läuft glatter, weil wir unserem eigenen Weg mehr vertrauen. Wir haben mehr Lust zu experimentieren, weil wir entweder von vornherein weniger befürchten zu scheitern oder zumindest die innere Sicherheit haben, danach weitermachen zu können. Unser Selbstwertgefühl bestimmt sich zu einem Teil aus einer über die Jahre wenig veränderlichen Anlage, zu einem anderen Teil aber auch aus unserem jeweiligen emotionalen Zustand. Es geht also darum, sich einen stabilen Kern anzueignen, der vorübergehenden Schwankungen nach oben oder unten durch persönliche oder berufliche

Umstände gegenüber unempfindlich ist. Dieser Kern entwickelt sich – ebenso wie unsere Fähigkeit zur Resilienz – in der Kindheit, beides kann aber lebenslang trainiert und erweitert werden.

Für Ihr persönliches Resilienz-Training sollten Sie sich daher immer wieder Ihrer Stärken bewusst werden und diese Erkenntnisse für Ihren weiteren biografischen Weg nutzen.

ICH ERINNERE MICH

- Welche Spiele haben mir als Kind Kraft, Mut und Zuversicht gegeben?
- Welche aufbauenden Geschichten habe ich früher gerne gehört oder gelesen?
- Welche kraftvollen Vorbilder und Bücherhelden hatte ich?
- Wie und wo wollte ich leben, wenn ich erwachsen bin?

Kraftsätze

Kraftsätze sind ein gutes Mittel, um Mut und Zuversicht in schwierigen Situationen zu entwickeln, sich an seinen Selbstwert und die Fähigkeit zur Resilienz zu erinnern. Hier ein paar Vorschläge für kraftvolle Sätze:

- Das Leben ist für mich.
- Ich bin geschützt und unterstützt.
- Ich kann mit allem umgehen und (m)einen Weg finden.
- Ich habe Wahlmöglichkeiten.
- Überall gibt es neue Chancen.
- Ich muss mich niemandem beweisen.
- Ich bin okay.
- JETZT ist die Zeit, in der ich lebe.
- Ich bleibe im Wandel ruhig.
- Ich bin stark.
- Ich gehe meinen Weg.
- Ich finde Lösungen.
- Ich sehe Veränderungen positiv.
- Ich komme weiter.

Suchen Sie sich einen Satz aus, der für Sie passt – oder erfinden Sie Ihren eigenen persönlichen Kraftsatz –, schreiben ihn auf schönes Papier und hängen ihn an einen Ort, an dem Sie oft vorbeikommen.

Krisen als Chancen

Es ist nun mal so – ob es uns gefällt oder nicht: Wir machen im Laufe unserer Biografie Fehler oder bekommen von anderen Menschen ein Bein gestellt.

So ging es Oliver, der mit einem unseriösen Vermieter einen Vertrag für seine neue Physiotherapie-Praxis einging und auf seinen Investitionen mit Schulden sitzen blieb, als der Hausbesitzer das Mietverhältnis in unerträglicher Weise gestaltete und Oliver sich am Ende lieber neue Räume suchte. Ein solcher Fehlgriff wirft einen erst einmal zurück und vielleicht sogar um. Wie lange wir aber am Boden liegen bleiben – und wann wir wieder aufstehen und einen neuen Weg begehen –, liegt in unserer Hand. Wenn es um Fehlgriffe und falsche Entscheidungen in unserem Leben geht, entwickeln wir schnell einen Tunnelblick. Zu Anfang fällt es uns schwer zu sehen, wie es je wieder besser gehen könnte. Wir versinken in negativen Gedanken und Gefühlen. Aber wenn wir uns davon befreien, kommen wir wieder an die Oberfläche und nehmen das Steuer in die Hand. Ein Fehlschlag ist also nicht das Ende unseres Weges. Es liegt vor allem an uns selbst, wie wir die Erfahrungen interpretieren und bewerten. So manche Bauchlandung schockiert und verletzt uns erst einmal – und führt später zu etwas Besserem und sogar Gutem.

ÜBUNG

Nach dem Hinfallen wieder aufstehen

Drei Aspekte sind wichtig, wenn Sie nach einer Bauchlandung wieder mit sich ins Reine kommen wollen:

1. Erkennen Sie Ihr inneres Muster und welchen Anteil Sie an der Situation haben:
   - Welchen Anteil am Geschehen schreibe ich mir selbst zu?
   - Welchen Anteil schreibe ich anderen Menschen oder den Umständen zu?

2. Benennen Sie Ihre Gefühle und Einstellungen zu der Situation:
   - Welche Gefühlspalette erlebe ich gerade?
   - Wie lange, glaube ich, wird die Krise andauern?
   - Gehe ich davon aus, dass ich die weitere Entwicklung beeinflussen und steuern kann?

3. Erstellen Sie einen Plan für Ihre Handlungsimpulse:
   - Was würde ich gerne tun, um aus der Krise herauszukommen?
   - Was kann ich tun?
   - Kann ich mir meine Fehler verzeihen?
   - Kann ich anderen ihre Fehler verzeihen?

Dass auch die größte Reise mit dem ersten Schritt beginnt, ist ein bekanntes Sinnbild für die Aufforderung, nicht in einer ungeliebten Situation zu verharren, sondern sich zu neuen Ufern aufzumachen und einfach loszugehen. Um diesen ersten Schritt in einer Krise zu tun, ist es wichtig, die Situation erst einmal anzunehmen, wie sie ist. Solange wir sie schönreden oder resignieren, kämpfen wir gegen das, was ist, und wehren es ab. Wer verleugnet, kann die Realität nicht sehen – und auch nicht das, was helfen würde, Veränderungen zu bewirken. Die Gefahr, im Laufe seiner Biografie innerlich bitter und frustriert zu werden, ist dann groß. Die Gedanken drehen sich dann nur noch um die schwierigen Aspekte des eigenen Schicksals. Das bindet die Aufmerksamkeit und die Kraft, die eigentlich für positive Veränderungen gebraucht werden würden.

Ebenso sprach sich der Psychoanalytiker Carl Gustav Jung dafür aus, eine schwierige Situation zunächst zu akzeptieren, um sie dann verändern zu können. Wenn wir durch eine Krise kommen wollen, müssen wir die mit ihr verbundenen Tatsachen annehmen. Wir sollten uns überlegen, was das konkret für unsere Situation bedeutet und worauf wir uns einstellen müssen. Meistens geht es vor allem darum, unangenehme Gefühle anzunehmen, die mit einer Krise verbunden sind, zum Beispiel sich isoliert, erschöpft, frustriert und unglücklich zu fühlen. Hinter solchen Gefühlen stecken nicht erfüllte Bedürfnisse, die wir uns in der konkreten Situation verdeutlichen sollten. Das gibt uns die Möglichkeit, zumindest manche von ihnen vorerst auf anderen Wegen erfüllen oder zumindest zu kompensieren.

ÜBUNG

Der Leichenschmaus

Schreiben Sie in Stichworten oder ganzen Sätzen auf einzelne kleine Zettel, wodurch eine – aktuelle oder auch schon länger zurückliegende – Krise in Ihrem Leben ausgelöst wurde und was Sie dabei verloren haben.
Legen Sie die Zettel in eine kleine Kiste und begraben Sie diese mit einem kleinen Ritual in der Natur. Beerdigen Sie Ihren Verlust.
Gestalten Sie alleine oder mit Freunden einen Leichenschmaus. Sprechen Sie darüber oder schreiben Sie auf, wie Sie Ihre nächste Zukunft trotz dieses Verlusts gut gestalten möchten.

Biografische Erfolge

Nicht nur aus Fehlern werden wir klug, sondern vor allem auch aus unseren Erfolgen. Wenn wir erfolgreich sind und es gut läuft, stärkt das unsere Fähigkeiten und Kompetenzen – Ressourcen, die uns in Krisenzeiten helfen. Wenn wir uns unsere individuellen Talente bewusst machen und diese stärken, und darauf schauen, was unsere größten Erfolge bislang ausgemacht hat, können wir das ein oder andere Tief auf unserem Weg leichter überwinden.

ICH ERINNERE MICH

- Wann war ich in meinem bisherigen Leben trotz Krisen erfolgreich?
- Wie habe ich das geschafft?
- Aus welcher Perspektive schaue ich auf Krisen – eher negativ oder positiv?
- Welche Gefühle lösen meine Annahmen in mir aus?
- Wie haben meine bisherigen Lebenserfahrungen dazu beigetragen, wie ich heute Krisen beurteile?

Wenn es Ihnen gelingt, hilfreiche Annahmen und Denkweisen von weniger förderlichen zu unterscheiden, werden Sie besser etwaige gute Hand-

lungsoptionen erkennen, die Ihnen aus der Krise heraushelfen. Wer in schwierigen Zeiten neben dem, was sie an Schmerz und Verlust mit sich bringen, auch die ihnen innewohnende Chance für seine persönliche Entwicklung sehen kann, erfährt Mut und Zuversicht.

So unterschied der Philosoph und Mystiker Meister Eckhart den inneren vom äußeren Menschen und mahnte, dass wir unserer äußeren Gestalt nicht unsere Seele opfern sollten. Der äußere Mensch könne wohl aktiv sein, aber der innere Teil sollte jederzeit frei und unberührt davon bleiben, was um ihn herum geschieht. Es sei wie mit einer Tür, die sich bewegt, während die Angel ruhig und unverändert bleibt. Wenn wir uns dieses Sinnbild vor Augen halten, sind die Umstände, die uns in die Krise gebracht haben, die Tür, und wir selbst mit unseren Stärken und Ressourcen die Angel.

ÜBUNG

Mein Innen und Außen

Gestalten Sie ein Bild einer Tür. Beschriften Sie die Tür mit den Anforderungen und Belastungen, denen Ihr äußerer Mensch zurzeit ausgesetzt ist, und die Angel mit den persönlichen inneren Kapazitäten und Ressourcen, die Sie besitzen, um eine Situation zu bewältigen.

Das Sinnbild von Meister Eckhart hilft dabei, zwischen dem, was von außen auf uns zukommt, und dem, wer wir sind, zu trennen und damit nichts und niemandem die Macht zu geben, über unser Inneres zu bestimmen. Mit dieser Qualität an Kraft und Selbstwirksamkeit nutzen wir unseren persönlichen Spielraum zur Gestaltung unserer Biografie. Dabei kommt es in erster Linie darauf an, wie wir über eine Situation denken, denn unsere Gedanken beeinflussen unsere Gefühle und bestimmen, ob wir ins Handeln kommen. Lähmen sie uns, fühlen wir uns ohnmächtig und hilflos – wir geben unsere Selbstverantwortung ab. Sehen wir uns jedoch als die unbewegliche und stabile Angel und nicht als die darin eingehängte Tür, nehmen wir eine aktive Haltung ein und finden Lösungen für Probleme.

Viktor Frankl, der Begründer der Existenzanalyse und der Logotherapie, sah den Sinn als zentrales Konzept unseres Lebens an. Können wir einen Sinn in unserer Biografie sehen oder finden, vermittelt dies ein grundlegendes Vertrauen in uns selbst und in das Leben. Dies erschafft eine Kraftquelle in uns selbst, die wir nutzen können, indem wir zukunftsorientiert und Veränderungen gegenüber aufgeschlossen sind. Wir überlegen uns in einer Krise, was wir tun können, und suchen beispielsweise in der Literatur, Kunst, Philosophie, Religion oder Musik nach Antworten auf unsere Fragen. Viele berühmte und erfolgreiche Künstler haben sich intensiv mit der Suche nach dem Sinn beschäftigt. Der Literatur-Nobelpreisträger Albert Camus drückte es so aus: »Mitten im tiefsten Winter wurde mir endlich bewusst, dass in mir ein unbesiegbarer Sommer wohnt.«

Meist sehen wir in einer Krise nicht sofort, was sie an Gutem in sich bergen könnte, und wir können die Antworten auf unsere Fragen nach dem Sinn und nach Lösungen nicht erzwingen. Es braucht eine Zeit der Reife, die wir sinnvoll nutzen sollten, wie der Dichter Rainer Maria Rilke[1] schrieb: »Habe Geduld gegen alles Ungelöste in deinem

1 In: *Briefe an einen jungen Dichter* (Insel Verlag 1929)

Herzen und versuche, die Fragen selbst liebzuhaben wie verschlossene Stuben und wie Bücher, die in einer sehr fremden Sprache geschrieben sind. Forsche jetzt nicht nach den Antworten, die dir nicht gegeben werden können, weil du sie nicht leben kannst. Und es handelt sich darum, alles zu leben. Lebe jetzt die Fragen. Vielleicht lebst du dann allmählich, ohne es zu merken, eines Tages in die Antwort hinein.«

Um im Sinne Rilkes die Antworten in Ihr Leben zu integrieren, müssen Sie Ihre individuelle Kraftquelle ergründen, indem Sie konkretisieren, was den unbesiegbaren Sommer in Ihnen stärkt. Damit kommen Sie dem, was nach Meister Eckhart unseren inneren Menschen ausmacht, näher und zu sich. Der Schatz, den Sie in jeder Krise bergen können, sind Sie selbst und Ihr individueller Weg.

Biografische Kränkungen

Es gibt wohl kein Leben ohne Kränkungen. Andere Menschen verletzen versehentlich oder auch mit Absicht unsere Gefühle, und wir tun das Gleiche mit ihnen. Dabei kann es sich um kleinere Verletzungen handeln – aber auch um tiefgehende Wunden. So fühlte sich Bernd tief getroffen und hintergangen, als er erfuhr, dass sein Kollege Claus mit einer Kollegin über vertrauliche Dinge redete, die Bernd mit ihm besprochen hatte. Zumal Claus wusste, dass Bernd sich in diese Kollegin verliebt hatte – ein absoluter Vertrauensbruch. Dabei hatte Bernd gedacht, in Claus einen Kollegen zu haben, dem man auch einmal die ein oder andere persönliche Gefühlslage anvertrauen kann, und nun plauderte er darüber ausgerechnet mit dieser Kollegin. Je enger die Beziehung zwischen zwei Menschen ist, umso verletzender kann ein Missverständnis, eine Distanzierung, eine Dissonanz, eine Fremdheit oder eine Gemeinheit sein. Kränkungen, die mit Absicht zugefügt werden, sind besonders schmerzhaft und können unser Selbstwertgefühl zutiefst treffen. Jemand, der uns bewusst kränken will, vermittelt uns dadurch mangelnde Achtung und Fairness. Greift die Kränkung unser Selbstwertgefühl an, fühlen wir uns als Person grundsätzlich infrage gestellt und in unserem So-Sein zurückgewiesen.

Aktuelle Kränkungen können, wenn sie auf den Boden einer alten, nicht verarbeiteten Verletzung aus unserer Biografie fallen, eine unangenehme und intensive Gefühlspalette rund um den eigenen Wert entfachen und diesen infrage stellen. Unabhängig davon, ob die aktuelle Kränkung persönlich gemeint war oder nicht, reagiert unser inneres

Alarmsystem möglicherweise – aufgrund von Erfahrungen, die wir als Kinder und Jugendliche gemacht haben – hochsensibel auf jedes Anzeichen von Ablehnung. War die Beziehung zu unseren engsten Bezugspersonen in der Kindheit unsicher oder ambivalent, konnten wir wenig Vertrauen in sie setzen und damit auch wenig Selbstvertrauen entwickeln. Unsere Aufgabe als Erwachsene ist es in solchen Fällen, das Bild, das wir von uns selbst haben, aus unserer heutigen Sicht neu zu bewerten. Dabei sollten wir den Blick insbesondere auf unsere heutige Selbstwirksamkeit als Erwachsene lenken, wenn kindliche Gefühle der Verlorenheit und Vernichtung in uns aufkommen. Wer seine Stärken und Schwächen und sein verletztes Kind-Ich gut kennt und annimmt, wird emotional so stabil, dass er die Handlungen, Meinungen und Aussagen anderer Menschen nicht automatisch persönlich nimmt.

Wodurch Menschen sich gekränkt fühlen, ist individuell verschieden und eng mit der Bewältigung von biografischen Erfahrungen verknüpft. Was den einen kaum berührt, kann für den anderen eine massive Grenzüberschreitung darstellen. Was wir persönlich nehmen und was nicht, hängt mit unserem Selbstbild zusammen, damit, wie wir unsere Identität verstehen. Unser innerer seelischer Raum umfasst alles, was wir als konstruktiv und positiv für unser Selbst erachten. Deshalb verteidigen wir ihn auch, wenn unsere Grenzen überschritten werden. Je nachdem, wie wir die bisherigen Erfahrungen unseres Lebens eingeordnet haben, fühlen wir uns stärker oder wenig stark von Grenzüberschreitungen bedroht und angegriffen. Erfahrene Kränkungen bieten immer die Chance, psychische Energien freizusetzen, um Positives auf unserem Weg zu bewirken. Wir können heute Kompetenzen und Möglichkeiten wahrnehmen, die wir in der Vergangenheit noch nicht im Blick hatten – und damit auch den Umgang mit künftigen Kränkungen verbessern.

Um auch bei Kränkungen eine konstruktive Ebene mit anderen Menschen aufrechtzuerhalten, sollten Sie sich von zwei Reaktionsweisen verabschieden: es dem anderen wütend heimzahlen oder sich schmollend zurückziehen. Damit würden Sie nur auf Ihren inneren offenen Baustellen sitzen bleiben. Sinnvoller ist es, Gelegenheiten zu nutzen (bzw. zu schaffen), bei denen aufgestaute Frustrationen und Ärger ausgesprochen werden dürfen. Vor allem sollte dabei auf die dahinterliegenden nicht erfüllten Bedürfnisse geschaut werden.

4

Gesichter der Erkenntnis

Es ist wissenschaftlich erwiesen, dass unser Gedächtnis höchst kreativ ist. Tatsächlich sind unsere Erinnerungen oftmals alles andere als akkurat, im Gegenteil: Sie sind formbar, und unser Geist setzt sie aus aktueller Sicht so zusammen, wie sie für uns passen. Die Auseinandersetzung mit der eigenen Biografie ermöglicht uns zu unterscheiden, was an Erwartungen von außen an uns herangetragen wird und welche Botschaften von uns selbst kommen. Indem wir eine gewisse Distanz zu den inneren und äußeren Bildern gewinnen, können wir eine authentischere Antwort auf die Frage finden: Was will ich für mich als ein gelungenes Leben ansehen? So wird es möglich, durch Selbstreflexion mit dem, was wir im Leben tun, Zufriedenheit zu erlangen. Ein stimmiges Leben ist ein Prozess, bei dem sich in bestimmten Phasen durchaus Bedeutungen verschieben können. Wir können mit den inneren und äußeren Wandlungen

mitgehen und diese als persönliche Wachstumsbringer ansehen. Der Prozess des Suchens und Findens hat eine spannende Dynamik und wird mit einem bestmöglichen und authentischen Leben belohnt, wenn wir uns darauf einlassen.
Viele Menschen fragen sich in kritischen Phasen ihrer Biografie nach dem Woher und Wohin. Sie sind unzufrieden und möchten sich klar werden, ob der derzeitige Status tatsächlich der ist, den sie früher einmal zum Ziel hatten – und wenn nicht, ob eine andere Zielsetzung zu einem anderen Ergebnis geführt hätte. Zwangsläufig landen sie in ihren Überlegungen dann in ihrer eigenen Geschichte und erinnern Station um Station. Sie überdenken, was ihre jetzige Lebensphase mit dem zu tun hat, was sie bisher auf ihrem Weg getan oder gelassen haben. Diese Rückschau führt uns an die eigenen Wurzeln, ermöglicht uns, uns der eigenen Motive zu vergewissern und uns auf bisherige Ideale zu besinnen – mit dem Ziel, unser derzeitiges Leben in Übereinstimmung mit den eigenen Einstellungen, Bedürfnissen und Werten zu bringen. Denn wir können aktiv dazu beitragen, da Sinn zu geben, wo es an Sinn mangelt oder wo Ungewissheit herrscht.
Alles andere als zufällig beginnen viele Menschen in solchen Phasen des Erkenntnisgewinns oftmals

an frühere und aktuell brachliegende Interessen und Hobbys wieder anzuknüpfen und sich bewusst mit ihrer Biografie auseinanderzusetzen. Sie erinnern sich an ihre frühere Begeisterung, ein Instrument zu spielen, oder den tiefen Wunsch, ein Kinderbuch zu schreiben. Die Reflexion biografischer Erfahrungen kann Ängste abbauen und in Krisen Emotionen regulieren, weil wir einen roten Faden in unserer Lebensspur entdecken. Wir können Verbindungen auch zwischen scheinbar nicht zusammenhängenden Erfahrungen im Laufe unseres Lebens finden und einen (neuen) Sinn darin sehen.

ICH ERINNERE MICH

- Welche Interessen und Hobbys habe ich als Kind und in meiner Jugend gehabt?
- Welche davon verfolge ich bis heute?
- Zu welchen Interessen habe ich im Laufe der Jahre den Zugang verloren, würde ihn aber gerne wiederfinden?
- Wie kann mir das gelingen?

Die Jugend

Zum ersten Mal stellen wir als Jugendliche unsere Selbstbestimmung in den Mittelpunkt und leisten Widerstand gegen äußere Begrenzungen. Wir sind auf der Suche nach dem Sinn im Leben, wollen um jeden Preis ein authentisches Leben führen und unverwechselbar sein. In diesen Jahren beginnt sich unsere persönliche Leitlinie zu entwickeln und unser Handeln zu prägen. Plötzlich wird uns klar, dass auch die Erwachsenen in unserer Umgebung weder allwissend noch perfekt sind und es auch noch andere Lebensentwürfe als die ihren gibt. Die Erfahrungen, die wir in dieser Zeit machen, formen unsere Persönlichkeit, und wenn alles gut läuft, entwickeln wir ein wachsendes Gefühl von Vertrauen in das Leben und in uns selbst.

ICH ERINNERE MICH

- Wann wurde mir erstmals bewusst, dass Erwachsene wie Eltern, Erzieher und Lehrer auch ihre Fehler haben?
- In welchen Situationen haben sie mich zu Unrecht kritisiert?
- Wann haben sie sich selbst falsch verhalten?
- Wie bin ich mit dieser Erkenntnis umgegangen?

Als junge Menschen knüpfen wir oft besonders enge Beziehungen, die nicht selten ein Leben lang halten. Das liegt daran, dass wir in der Regel in dieser Lebensphase noch offener für andere und auch selbst bereit sind, uns mehr zu öffnen, als wir dies in späteren Jahren tun.

ÜBUNG

Meine Lieblingsmenschen

Basteln Sie eine Collage mit Fotos oder Zeichnungen der Lieblingsmenschen aus Ihrer Kindheit, Jugend und dem jungen und gegebenenfalls späteren Erwachsenenalter. Stellen Sie dar, mit wem Sie über was am liebsten gesprochen haben, welche Themen, Interessen und Hobbys Sie miteinander teilten und welche Differenzen es zwischen Ihnen gab. Welche Plätze haben Sie miteinander aufgesucht, an denen Sie sich besonders wohlfühlten?

Tipp: Autobiografien sind überproportional häufig der Jugend und dem frühen Erwachsenenalter gewidmet. Schreiben Sie doch auch einmal einen Text zu der Phase Ihres Lebens zwischen 15 und 30 Jahren. Welche Erinnerungen kommen Ihnen zu diesem Lebensabschnitt?

Generell bleibt das erste Mal bei neuen Erfahrungen meist besonders gut im Gedächtnis haften. Besonders intensiv sind aber Premieren in der Lebensspanne zwischen 15 und 30 Jahren. Solche Premieren können gelingen oder missglücken – immer aber sind sie prägend. Konnten wir dabei Erfolge verbuchen, können die innewohnenden Ressourcen zu Kraftquellen werden, die sich auch in der Gegenwart nutzen und als Schätze bewusst in unseren Alltag integrieren lassen. Vor allem in schwierigen Lebensphasen kann uns der Rückgriff auf das innere Bild früherer erfolgreicher Debüts zuversichtlich stimmen und unterstützen.

ICH ERINNERE MICH

- Welche erfolgreichen Premieren habe ich erlebt?
- Welche Ressourcen und Schätze wohnten ihnen inne?
- Welche davon habe ich heute noch zur Verfügung?
- Welche Schätze könnte ich wieder ausgraben?

Meine Gaben leben

Es gibt kein Patentrezept für Glück und ein erfolgreiches Leben, aber wenn wir uns fragen, wer wir sind und was wir wirklich wollen, und darauf Antworten finden, stehen wir in einer ehrlichen und offenen Begegnung mit uns selbst und können uns bewusst für ein Lebensumfeld entscheiden, in dem wir unsere Gaben und Talente entfalten können und Sinn erleben. Diese Antworten lassen sich aber nicht aus einem Plan oder einer Theorie heraus finden, sondern nur, indem wir offen sind für neue Erfahrungen, die unsere Biografie beeinflussen und persönliche Wandlung bewirken. Wie Katarina Michel betont, sollten wir, wenn wir nach echter Erkenntnis und Veränderung streben, zunächst bei uns selbst und in unserem Inneren anfangen, anstatt uns in erster Linie auf das äußere Umfeld zu konzentrieren. Den meisten Menschen ist es ein tiefes Bedürfnis, ihren Werdegang so zu gestalten, dass sie dabei ihre individuellen Gaben einbringen und dadurch Glück oder zumindest Zufriedenheit erfahren können. Am besten gelingt uns das, wenn wir wissen, wer wir sind, was wir können, wollen und dürfen und wohin und mit wem wir im Leben weitergehen möchten.

ÜBUNG

Mein neuer Horizont

Machen Sie es Rainer Maria Rilke nach und leben Sie in die wahrhaftigen Antworten auf Ihre Fragen hinein, ohne diese erzwingen zu wollen. Dabei können Sie Ihren inneren Bedürfnissen spielerisch näherkommen.
Legen Sie eine Liste von A bis Z an, aber lassen Sie so schwierige Buchstaben wie X oder Y weg. Nun assoziieren Sie zu jedem Buchstaben einen Begriff, der für Sie im Privat- oder Berufsleben wichtig ist. Dann suchen Sie sich Menschen, denen Sie zu einem oder mehreren dieser Begriffe eine Frage stellen, und sammeln Antworten zu Ihrem (neuen) motivierenden Horizont.
Sie werden erstaunt sein, aus wie unterschiedlichen Perspektiven verschiedene Menschen die Dinge betrachten und sie angehen. In jedem Fall werden die Antworten der anderen Ihr Inneres bereichern und dazu anregen, seine ganz eigenen Antworten zu finden oder zu präzisieren.

Wir alle möchten unser Leben auf ein individuelles und persönliches Ziel hin ausrichten und uns damit gewürdigt und anerkannt fühlen. Niemand will sich ausschließlich fremden Interessen unterwerfen und vorgegebenen Erwartungen entsprechen. Aber wie gelingt es uns, im Lauf der Jahre persönlich und beruflich erfolgreich zu sein und nicht unnötig lange in Phasen der Unzufriedenheit oder gar des Unglücklichseins zu stagnieren? Dazu müssen wir zunächst den Schritt vom Wollen zum Machen wagen – und dann an unserem Ziel dranbleiben, bis wir es erreicht haben. Beim Wollen sollten wir uns im Klaren sein, warum und wohin wir wollen und wie wir das erreichen könnten. Dabei kann es durchaus plausible Gründe geben, einen scheinbar logischen nächsten und naheliegenden Schritt nicht zu machen, sondern etwas ganz anderes. Wenn wir etwas wirklich zutiefst wollen, sollten wir unsere Zweifel beiseiteschieben und vom Träumen ins Machen kommen, sprich Entscheidungen treffen und umsetzen.

Stolpern wir einmal auf unserem Weg und müssen eine Niederlage einstecken, sollten wir nicht am Scheitern resignieren, sondern mutig aufstehen und weitermachen. Das geht nicht ohne Vertrauen in uns selbst, denn damit überwinden wir unsere Angst und verschieben unsere Grenzen, wodurch wir über uns selbst hinauswachsen. Statt Hindernisse zu bedauern, helfen die richtigen Fragen nach möglichen Fortschritten und eine positive Einstellung des »Das klappt bestimmt!« weiter. *Um mit unserer Biografie zufrieden oder sogar glücklich zu sein, braucht es kein »Schneller, höher und weiter« um jeden Preis, sondern vielmehr ein »Gut ist das, was wirklich zu mir passt!«. Dazu gehört, dass wir negative und herabsetzende Stimmen in uns und von anderen Menschen zum Schweigen bringen, nicht unter unserem Niveau bleiben und uns bei Herausforderungen nicht wegducken. »Dauerlauf statt Sprint«, könnte das erfolgreiche Motto einer erfüllenden Biografie lauten. Beim Dauerlauf kommen wir nicht aus der Puste und haben Zeit, uns umzusehen und unsere Umgebung zu genießen. Auch die Erkenntnis, dass wir manchmal Regeln brechen müssen, um zu uns selbst zu kommen und das zu verabschieden, was uns nicht guttut, lässt uns wachsen.*

ICH ERINNERE MICH

- Habe ich an Weggabelungen in meinem Leben, bei wichtigen Entscheidungen darüber, welchen neuen Weg ich einschlagen möchte, auf mein Herz gehört?
- Habe ich Erfahrungen gemacht, die mir zeigen, dass ich bei mir selbst angekommen bin?
- Bin ich bislang meinen Weg gegangen – oder eher einen von anderen vorgegebenen?
- Habe ich meine Talente und Gaben auf meinem bisherigen Weg eingebracht und gelebt?

- Welche Menschen haben mich auf meinem Weg beeinflusst?
- Welche Menschen habe ich beeinflusst?
- Für was in meiner bisherigen Biografie bin ich dankbar?
- Wann fühle ich mich lebendig?

Sinnhaftigkeit

Die Erkenntnis hat viele Gesichter, und sie verhilft uns zu unserem individuellen Lebensweg im Einklang mit unseren Gaben. Um Einsichten zu gewinnen, die für unsere weitere persönliche oder berufliche Entwicklung von Bedeutung sind, ist es hilfreich, sich mit bestimmten Zeitfenstern seiner Biografie auseinanderzusetzen oder mit den Biografien anderer Menschen, die uns interessieren. Fragen wir fünf verschiedene Personen, wird jede die Frage nach dem Sinn ihres Lebens auf ihre ganz eigene Weise beantworten. Sinn muss gesucht und gefunden werden – er wird nicht erfunden –, und nur wir selbst können entscheiden, welche Aspekte und Kontexte unseres persönlichen und beruflichen Wirkens uns mit Sinn erfüllen und welche nicht.

Dabei ermöglicht unsere eigene werteorientierte Grundhaltung die Selbstreflexion und das Erkennen, womit wir mit unserer Umgebung in Übereinstimmung sind und womit nicht. Sinn und Werte stehen in einem Zusammenhang, denn das, was wir als wertvoll erleben, gibt uns gleichermaßen Sinnhaftigkeit. Was im Einzelnen unserem Leben Bedeutung gibt, ist individuell verschieden. Für die einen geht es vor allem um soziale Aspekte wie soziales Engagement und Gerechtigkeit. Für andere mögen die Stärkung der Individualität, persönliche Freiheit und Entwicklung das Wichtigste sein. Wieder andere suchen den Sinn im Glauben oder in Entdeckungen in der Natur. Und für manche Menschen stehen Wissenserweiterung und die Vervollkommnung fachlicher Qualitäten wie die Weiterentwicklung als Führungskraft im Vordergrund.

ÜBUNG

Sinnsuche im Alltag

Auf der Suche nach Sinn ist es hilfreich, ganz praktisch im Alltag die Werte zu leben, die Ihnen wichtig sind. Ein paar Beispiele:

- Nach Ausgeglichenheit streben: Beziehen Sie, wenn es um wichtige Entscheidungen geht, die Meinung aller Beteiligten ein. Suchen Sie gezielt den Austausch mit

Andersdenkenden oder Menschen aus einer anderen Kultur oder beruflichen Branche.

- Lebensfreude fördern: Nehmen Sie bewusst wahr, wann Sie wirklich Spaß haben.
- Hoffnung und Zuversicht pflegen: Suchen Sie auch in schwierigen Situationen gezielt nach möglichen Chancen zum Wachstum. Legen Sie sich eine Liste »berechtigter Hoffnungsbringer« an.
- Gelebte Solidarität: Rufen Sie konkrete kleine und große Hilfsaktionen für Bedürftige ins Leben.
- Gelebte Tapferkeit: Sprechen Sie es an, wenn jemandem – ob Klein oder Groß – unrecht geschieht. Sehen Sie nicht weg.
- Gelebtes Leben: Bauen Sie nicht ausschließlich auf theoretisches Wissen, sondern suchen und wenden Sie vor allem Erfahrungswissen an.

Tipp: Albert Espinosa, dessen Lebensgeschichte in der Verfilmung *Club der roten Bänder* vom Sender VOX ausgestrahlt wurde, meint, dass wir sogenannte Lebensakten anlegen sollten – vergleichbar mit der dicken Krankenakte aus seinem mehrjährigen Klinikaufenthalt als Krebspatient. Jeden Tag in ein Heft ein paar Gedanken schreiben und dazu passende Symbole oder Bilder einkleben, das ergibt nicht nur ein schönes Andenken für die eigenen Kinder, sondern auch eine Erinnerung für einen selbst, wie man zum Beispiel Krisen gemeistert hat.

Meine Wachstumsbringer

Biografiearbeit kann unsere Handlungskompetenz in allen Lebensbereichen stärken. Wenn wir etwaigen einschränkenden Glaubenssätzen und Einstellungen auf die Spur kommen, an denen wir im Laufe der Jahre oft unbewusst festgehalten haben, erkennen wir, wo Blockaden und Stagnation uns im Leben und in unserer persönlichen Entwicklung behindern. Durch die Auseinandersetzung mit unserer Biografie setzen wir unsere individuellen Ressourcen frei und stärken die Motivation, unser Leben aktiv zu gestalten. Wer seine eigene Geschichte kennt und einzelne Stationen des bisherigen Weges und die dazugehörigen Erfahrungen einordnen kann, verbessert seine Selbstwirksamkeit – und damit die wichtigste personale Kompetenz, um ein erfolgreiches und erfüllendes Leben zu führen. In der Biografiearbeit nutzen wir den Rückblick auf Vergangenes, um gegenwärtige Erfahrungen besser zu verstehen. Diese Rückschau bleibt nicht bei der Vergangenheit stehen, sondern macht sie nutzbar für eine gelingende Gegenwart und Zukunft.

Dem Psychotherapeuten Jörg Berger zufolge fällt der persönliche Rückblick bei vielen Menschen erst einmal ziemlich selbstkritisch aus. Dann lohnt sich auf jeden Fall ein zweiter Blick, um festzustellen, dass auch die Dinge, die wir zunächst vielleicht kritisch sehen, eine positive Seite haben. Wenn wir zum Beispiel nicht gerne Konflikte austragen, ist das vielleicht nur die Kehrseite dessen, dass wir ein Mensch sind, den andere als entspannt und unkompliziert schätzen. Es gibt Lebensphasen und Situationen, in denen es laut Berger mehr bringt, seine positiven Seiten weiter zu entfalten, als seine Schwächen zu bekämpfen. Er weist auch darauf hin, dass es wichtig ist, sich der eigenen Biografie mit den richtigen Fragen zu nähern. Beispielsweise würde eine eher ungünstige Frage lauten: Wie kann ich die Persönlichkeit werden, die andere gerade wollen oder brauchen? Besser wäre es zu fragen: Was treibt mich im Leben an, und wie kann ich diese Energie bestmöglich nutzen, um zufrieden oder sogar glücklich zu werden? Laut Berger entwickeln wir im Laufe unserer Biografie bestimmte Schutzmechanismen wie zum Beispiel ein dominantes Verhalten, um nicht zu kurz zu kommen, oder eine Neigung zum Konformismus, um nicht mit Verantwortung alleine dazustehen. Diese Mechanismen ziehen sich wie ein Muster durch unsere Lebensgeschichte und können zur Belastung für unsere persönlichen und beruflichen Beziehungen werden.

ICH ERINNERE MICH

- Dominiere ich manchmal andere Menschen durch forsches Auftreten oder übergroße und entmündigende Fürsorglichkeit?
- Stelle ich mich oder meine Leistungen manchmal übertrieben und nicht ganz ehrlich heraus?
- Mache ich mich manchmal kleiner, als ich bin und/oder erhöhe andere Menschen?
- Bin ich mir selbst oder anderen gegenüber überkritisch?
- Ziehe ich mich lieber zurück, wenn ich vor einer Herausforderung stehe?
- Habe ich Probleme, Konflikte offen auszutragen, und neige ich zu indirekten aggressiven Verhaltensweisen, wie mich zu rächen?
- Geht mir die Harmonie über alles und verhindere ich so eine ehrliche Auseinandersetzung, die möglicherweise schmerzhaft sein, aber eine Entwicklung voranbringen könnte?

TEST

Meine Muster

Kreuzen Sie an, wenn Sie einer Aussage zustimmen und diese Verhaltensweise von sich kennen. Wenn innerhalb eines Blockes (A–G) mehr als eine Aussage auf Sie zutrifft, könnte es sein, dass das zugrunde liegende Muster in Ihrem bisherigen Leben eine größere Rolle gespielt hat. Dann können Ihnen die Reflexionsimpulse am Ende der Übung weiterhelfen.

A.
- ❑ Manchmal habe ich den Impuls, erwachsene Menschen zu erziehen.
- ❑ Ich kann mich gut durchsetzen, auch gegen den Willen anderer Menschen.
- ❑ Ich erhalte manchmal die Rückmeldung, dass sich andere von mir bevormundet fühlen.

B.
- ❑ Ich kann mich gut verkaufen, auch wenn ich um meine Schwächen weiß.
- ❑ Wenn ich einen Fehler gemacht habe, möchte ich den nicht breittreten und am liebsten auch nicht darüber sprechen.
- ❑ Kritik ärgert mich.

C.
- ❑ Ich fühle mich häufiger erschöpft und hilflos.
- ❑ Ich kann mich nicht gut abgrenzen und schützen.
- ❑ Ich stelle andere Menschen gerne auf ein Podest.

D. ❑ Fehler ärgern mich.
❑ Andere sind in der Regel weniger engagiert als ich.
❑ Ich finde, dass viele Menschen unter ihren Möglichkeiten bleiben.

E. ❑ Ich fühle mich oft überfordert.
❑ Wenn mir etwas zu viel wird, ziehe ich mich zurück.
❑ Spannungen und Konflikte machen mir Angst.

F. ❑ Wenn mich jemand geärgert oder gekränkt hat, zahle ich es ihm heim.
❑ Ich beteilige mich gerne mal an Tratsch.
❑ Wenn mich jemand ungerecht behandelt, kriegt er die Quittung.

G. ❑ Ich kann Konflikte nicht leiden und predige immer wieder, wie wichtig Harmonie ist.
❑ Ich bin mir selbst nicht so wichtig.
❑ Andere Menschen nennen mich manchmal »Mutter Teresa« oder »Jesus«.

Testauflösung und Reflexionsimpulse

A. »Familienoberhaupt«: Sie neigen dazu, die Grenzen anderer Menschen zu überschreiten. Diese fühlen sich dann übergangen, unter Druck gesetzt oder bevormundet. Überlegen Sie, was Ihr dahinterliegendes Bedürfnis in Bezug auf sich selbst ist und was Ihre frühere Rolle in der Herkunftsfamilie war, die Ihnen dieses Verhaltensmuster vielleicht antrainiert hat.

B. »Star«: Sie neigen zur Selbstdarstellung und zum Blenden und verbergen gerne Schwächen und Fehler, wie sie jeder Mensch hat oder macht. Damit bauen Sie bei anderen eine unrealistische Erwartungshaltung auf, die dann zwangsläufig von Ihnen enttäuscht werden oder sich getäuscht fühlen. Wurden in Ihrer Herkunftsfamilie Aufmerksamkeit, Lob und Liebe an Bedingungen geknüpft, sodass Sie zum Beispiel schon als Kind keine Fehler machen durften oder besonders lieb und angepasst sein mussten oder immer Bestleistung erbringen sollten?

C. »Energieräuber«: Sie neigen dazu, sich anderen gegenüber als klein, hilflos und überfordert zu präsentieren. Diese geraten Ihnen gegenüber schnell in eine Helferrolle und sehen Sie nicht als gleichberechtigt an. Reflektieren Sie, weshalb Sie in diesem kindlichen Verhaltensmuster heute noch gefangen sind. Sind Sie vielleicht schon in Ihrer Kindheit sehr ängstlich oder kränklich gewesen? Oder hat man Sie permanent überfordert und Sie durften gar kein Kind sein, sodass diese Bedürfnisse bis heute unerfüllt sind?

D. »Kritiker«: Sie neigen dazu, andere Menschen (schnell) zu bewerten oder abzuwerten. Dabei treten Sie oft besserwisserisch auf und können schon mal harsche und verletzende Kritik üben. Damit stoßen Sie Menschen von sich weg und halten sie auf Distanz. Oder diese strengen sich übermäßig an, um es Ihnen recht zu machen, aber wirklich wohlfühlen werden sie sich mit Ihnen nicht. Gab es in Ihrer Herkunftsfamilie wenig Empathie und Verständnis füreinander, und wurde über andere Menschen häufig negativ geredet und geurteilt?

E. »Angsthase«: Sie haben die Tendenz auszuweichen, sobald sich etwas als anstrengend, unangenehm oder herausfordernd erweist. Andere Menschen können sich leicht von Ihnen im Stich gelassen fühlen oder sauer auf Sie werden, weil Sie nicht da sind, wenn man Sie braucht. Waren Sie in der Kindheit realen Gefahren ausgesetzt, vielleicht sogar einem Trauma? Dann ist es möglich, dass Sie heute vor jeder potenziell »gefährlichen« Situation zurückweichen und sich schützen wollen, weil Sie die Erfahrungen Ihrer Kindheit noch nicht in Ihr Erwachsenen-Ich integriert haben. Oder hatten Sie sogenannte Helikopter-Eltern, die Ihnen nichts zutrauten?

F. »Racheengel«: Statt Konflikte konstruktiv auszutragen, neigen Sie dazu, sich an anderen Menschen zu rächen oder sie zu bestrafen, wenn Sie sich von ihnen verletzt oder gekränkt fühlen. Manche werden als Reaktion auf dieses Verhalten mit Ihnen in einen Machtkampf treten, andere ziehen sich wahrscheinlich eher von Ihnen zurück.

Gab es in Ihrer Herkunftsfamilie bei Konflikten immer nur Gewinner und Verlierer? Dabei verlieren in der Regel beide Seiten. Lernen Sie, in Zukunft Konflikte offen und auf eine Weise auszutragen, bei der nach Möglichkeit alle Beteiligten zu ihrem Recht kommen.

G. »Yogi«: Sie haben den Hang, Konflikte unter den Teppich zu kehren, wo sie dann ein moderndes Eigenleben entwickeln. Ihre Erwartungen an andere sind gering und Sie gehen davon aus, dass jeder Mensch grundsätzlich nur die besten Absichten verfolgt. Anderen fehlt in Ihnen ein Gegenüber, mit dem sie sich konstruktiv auseinandersetzen und an dem sie sich reiben können, um sich weiterzuentwickeln. Wie wurde in Ihrer Herkunftsfamilie mit Konflikten umgegangen? Musste um jeden Preis Harmonie herrschen?

Meine Leitlinie

Können wir in unserer Biografie einer persönlichen Leitlinie und Richtung folgen, die unseren Gaben und unseren innersten Bedürfnissen entspricht, webt sich ein lebendiger Lebensteppich unserer Erfahrungen, bei dem deutlich ein roter Faden erkennbar ist. Die Ereignisse im Leben, die uns als Mensch prägen, wandeln und verändern, stehen nicht zusammenhangslos in der Welt, sondern haben einen tieferen und persönlichen Sinn für uns. Der Ausdruck unserer eigenen Wertehaltungen und Gefühle ist Grundlage unserer Identität. Finden wir durch die Auseinandersetzung mit unserer Biografie zum wahren Selbst und zu dem, was uns ausmacht und wer wir sind, ist unser Dasein gefestigt: Wir suchen uns Wirkungsorte, an denen wir unsere Fähigkeiten entfalten können. Es geht uns darum, uns selbst zu leben, statt in erster Linie anderen zu gefallen. Wir wollen keine Rollen mehr erfüllen, die uns nicht wirklich liegen und die nicht zu uns passen, sondern im Einklang mit unseren persönlichen Werten aufrecht durchs Leben gehen. Das Sein ersetzt den Schein, dem wir vielleicht in der Vergangenheit öfter nachgejagt haben. In jeder Biografie gibt es Diskrepanzen zwischen Wunsch und Wirklichkeit: Das, was aus unserer

Sicht bislang an Erfahrungen und Ergebnissen in unserem Leben hätte erfolgen sollen, stimmt nicht mit der Realität überein. Je besser es uns gelingt, diese Differenz – die Dinge, die wir uns gewünscht haben, die aber nicht, nur teilweise oder ganz anders gekommen sind – anzunehmen, umso stimmiger ist unser Selbstbild und umso zufriedener sind wir mit uns und unserem Leben.

ICH ERINNERE MICH

- Welche Rollen wurden mir bislang in meinem Leben von anderen zugewiesen und welche wollte ich selbst ausüben?
- Welche Rollen habe ich gerne erfüllt und welche nicht?
- Was an diesen Rollen hat mich weitergebracht und was hat mich gebremst?
- Worin besteht die Differenz in meiner Biografie?
- Kann ich mich mit ihr aussöhnen?

Wer die Leitlinie seiner Biografie mit allen Stärken und Schwächen annehmen kann, entwickelt im Laufe der Jahre ein gutes und stabiles Selbstwertgefühl. Dabei können unsere Gaben und Talente zu persönlichen Kraftquellen werden, aus denen wir jederzeit schöpfen können und die uns insbesondere in schwierigen Lebensphasen helfen, wieder in unsere Mitte zu kommen. Auch das Eingebundensein in gute soziale Beziehungen stärkt unseren Selbstwert und – verbunden mit der Rückmeldung, die wir aus unserem sozialen Umfeld bekommen – unsere Akzeptanz der eigenen Biografie mit all ihren Facetten und Differenzen.

ÜBUNG

Nehme ich meine Biografie an?

Kreuzen Sie die Aussagen an, mit denen Sie übereinstimmen:

- ❑ Ich stehe zu mir und dem, was mich ausmacht.
- ❑ Ich glaube an mich und an mein Potenzial.
- ❑ Ich fördere, was mich stärkt.
- ❑ Ich übernehme Selbstverantwortung.
- ❑ Ich kenne meine Stärken und meine Schwächen.
- ❑ Ich nehme all meine Gefühle an.
- ❑ Ich achte meinen eigenen Raum ebenso wie die Grenzen anderer Menschen.
- ❑ Ich pflege gesunde Beziehungen.
- ❑ Ich habe öfter mal ein Date mit mir selbst.
- ❑ Ich treffe positive Entscheidungen für mein Leben.
- ❑ Ich ehre sowohl mein Ja und mein Nein als auch das der anderen.

- ❑ In meinem Leben sind Geben und Nehmen ausgeglichen.
- ❑ Ich lebe meine Talente.
- ❑ Ich stehe in einer guten Verbindung zu meinem Inneren.
- ❑ Ich kann einen Sinn in dem roten Faden, der sich durch meine bisherige Biografie zieht, sehen.
- ❑ Ich habe mich mit der Differenz in meiner bisherigen Biografie ausgesöhnt.

Die Auseinandersetzung mit der eigenen Biografie kann in bestimmten Phasen von widersprüchlichen Gefühlen geprägt sein. Unsere Welt ist dann vorübergehend unübersichtlicher geworden. Immer wieder gilt es, innezuhalten und sich der eigenen Werte und Bedürfnisse in verschiedenen Kontexten unseres Lebens bewusst zu werden und sich von Dingen und Menschen zu lösen, die uns nicht (mehr) guttun und von dem wegbringen, was und wer wir sind.

Die Lebensmitte

Bis zur Lebensmitte hat sich unsere Leitlinie relativ stabil entwickelt und geprägt – und wird dann meistens noch einmal überprüft, ob sie für die kommenden Jahre noch Gültigkeit hat. In dieser

Lebensphase eröffnen sich uns nicht selten neue Gestaltungsmöglichkeiten, nachdem der berufliche Lebensweg eingeschlagen und die Familienphase häufig weitgehend abgeschlossen ist. Aufgrund der Stabilität des äußeren Lebens ist es jetzt möglich, stärker nach innen zu schauen und unabhängiger von den Bedürfnissen anderer Menschen zu entscheiden. Wie Hans-Jürgen Stöhr es ausdrückt: Man weiß nun um sein (arbeitsbezogenes) Lebenswerk, und die daraus resultierende Gelassenheit, Selbstreflexion und die gewonnenen Lebens- und Berufserfahrungen tragen wesentlich dazu bei, unsere Stärken und Talente neu zu verorten. Dabei beruht der Ausbau unserer Kompetenzen laut Stöhr auf der Selbststärkung und Transformation der Persönlichkeit, die durch die Vermittlung beruflicher Erfahrungen und menschlicher Werte an andere und unsere nach innen und außen gerichtete Resonanzfähigkeit zustande kommt.

Auch Katarina Michel sieht in der Lebensmitte die Möglichkeit, der eigenen Leitlinie und dem roten Faden unserer Biografie eine neue Qualität zu geben. Die eigene Kraft wird jetzt stärker als die Anforderungen von außen und wir müssen uns in gesicherten Arbeits- und Lebensverhältnissen auch nicht mehr so stark mit anderen Menschen vergleichen. Nachdem wir bis zur Lebensmitte vor allem einem System gedient haben, kommt jetzt eine Zeit, in der wir mehr unsere wirklichen Fähigkeiten in den Vordergrund stellen und unserer persönlichen Leitlinie folgen möchten, und wir suchen uns das Umfeld, in dem wir diese Gaben leben können. Wir lassen uns jetzt nicht mehr so leicht in bestimmte Muster und Strukturen drängen, und wir meinen auch nicht mehr, wir seien nicht gut genug, wenn wir irgendwo nicht hineinpassen. Es geht uns definitiv nicht mehr darum, vor allem die Erwartungen von außen zu erfüllen, sondern im Gegenteil: Wir überlegen eher, Arbeitszeit zu reduzieren, vielleicht früher in Rente zu gehen oder noch mal etwas ganz Neues anzufangen. Wir suchen Raum, um zu leben, wer wir wirklich sind.

ICH ERINNERE MICH

- Bin ich immer noch ich selbst bei dem, was ich tue?
- Passt das Umfeld, in dem ich lebe und arbeite, noch zu mir?
- Bin ich voller Neugier und Kraft für die nächsten Jahre?

Im Laufe der Jahre kann es sein, dass uns der rote Faden unseres Lebens verloren geht beziehungsweise wir ihn im Trubel der Ereignisse und von außen an uns herangetragenen Notwendigkeiten aus dem Blick verlieren. Gerade im mittleren Lebensalter haben wir oft das Bedürfnis, eine Art Zwischenbilanz zu ziehen, um unseren weiteren Lebensweg zu planen. Die Rückschau auf unterschiedliche Altersphasen kann helfen, die persönliche Leitlinie (wieder) zu finden.

ÜBUNG

Meine Schöpfungsgeschichte

Lassen Sie sich von der biblischen Schöpfungsgeschichte inspirieren und schreiben Sie Ihre ganz persönliche Version. Dazu teilen Sie Ihr Lebensalter in sieben gleich lange Abschnitte ein. Beispiel: Sie sind 35 Jahre alt (= 7 x 5), das heißt, Sie teilen Ihr Leben in sieben Abschnitte à fünf Jahre: 0–5, 6–10, 11–15 etc.

Zu jedem Abschnitt notieren Sie, was Ihnen in Bezug auf wichtige biografische Ereignisse einfällt.

Erkennen Sie eine persönliche Leitlinie in Ihrer Geschichte? Wann sind Sie ihr gefolgt, und wann und weshalb sind Sie davon abgewichen und haben neue Wege eingeschlagen?

Zum Schluss

Zum Abschluss des Buches möchte ich Sie noch zu der folgenden Übung einladen. Mit ihrer Hilfe können Sie eine Art Gesamt-Bestandsaufnahme Ihrer Werte, Talente, Stärken und Kraftquellen machen. In Ihrem Lebensteppich ist alles enthalten: der rote Faden Ihres Lebens, das Geheimnis Ihrer Biografie, der Schatz in Ihrem Inneren.

ÜBUNG

Mein Lebensteppich

Welches Bild haben Sie sich von Ihrer bisherigen Biografie gemacht? Nutzen Sie die folgenden Impulse, um Ihren bislang entstandenen Lebensteppich vor Ihrem geistigen Auge auszurollen und zu betrachten:

- Mein Name hat die folgende Geschichte (oder Bedeutung):
- Dieses Lied habe ich als Kind geliebt (was ist die Botschaft dieses Liedes?):
- Diese Geschichte musste man mir immer wieder vorlesen (weshalb, was mochte ich daran?):
- An diese Momente von Glück aus der Kindheit und Jugend erinnere ich mich:

- Diese Dinge oder Menschen sind in meinem Leben angekommen:
- Zu diesen Orten bin ich in meinem Leben aufgebrochen:
- Das zog mich besonders an:
- Das sind meine Helfer im Leben:
- Hierauf vertraue ich:
- Diese Erfahrungen haben meine Biografie zu der gemacht, die sie ist:
- Die größte Entdeckung meiner Biografie ist:
- So habe ich bislang meine Biografie selbstwirksam gestaltet:
- Von dieser heimlichen Leidenschaft hat bisher niemand erfahren:
- So suche ich immer mal wieder nach einem Wunder:
- Diese Träume habe ich mir erfüllt:
- Diese Mutmach-Tricks habe ich auf Lager:
- Das hilft mir gegen Ungeduld im Herzen:
- So kann ich mein Glück vermehren:
- Das ist das Geheimnis meiner Biografie:

Vergessen Sie nicht:
Ihr Leben gehört Ihnen.

Zum Weiterlesen

Berger, J.: *Meine Stacheln. Wie Sie Ihre Schwächen entschärfen.* Marburg: Francke 2016

Mannhard, A.: *Spaßbremsen und Krawallschachteln im Kita-Team? Vom souveränen Umgang mit herausfordernden Führungskräften und Teammitgliedern.* Mülheim: Verlag an der Ruhr 2021

Mannhard, A.: *Mentales Selbstmanagement.* Aachen: Bergmoser & Höller 2020

Mannhard, A.: *Berufliche Kränkungen überwinden. Welt des Kindes.* Freiburg: Lambertus 2020

Mannhard, A.: *Ich bin mir wichtig.* Berlin: Cornelsen 2019

Mannhard, A.: *Der Lebensspur folgen.* Freiburg: Herder 2018

Michel, K.: *Wer liebt hat mehr vom Leben.* Amerang: Crotona 2010

Michel, K.: *Der Mutigen gehört die Welt.* Grafing: Aquamarin Verlag 2009

Stöhr, H.-J.: *Alles Wirkliche ist Begegnung.* Norderstedt: BoD – Books on Demand 2019

Tarr, I.: *Vom Zauber der Freundschaft.* Gütersloh: Gütersloher Verlagshaus 2019

Tarr, I.: *Lebe deine eigene Melodie.* Gütersloh: Gütersloher Verlagshaus 2012

Tarr, I.: *Leben macht Sinn.* Freiburg: Kreuz 2010

Dank

Ich bedanke mich bei Jörg Berger, Dr. Katarina Michel, Prof. Dr. Irmtraud Tarr und Dr. Hans-Jürgen Stöhr, dass sie ihre Gedanken mit mir geteilt und mir erlaubt haben, diese an meine Leserinnen und Leser weiterzugeben.

Lebenshilfe auf den Punkt gebracht

Achtsamkeit hilft uns, mit den Herausforderungen des Lebens geschickter umzugehen – und dabei die kleinen Freuden des gegenwärtigen Augenblicks aus vollem Herzen zu genießen. Die kompakten Pocketguides bieten einen unkomplizierten Einstieg: Eine Fülle an Übungen und Impulsen zeigt, wie sich Achtsamkeit konkret im Alltag umsetzen lässt.

ISBN 978-3-95803-221-7

ISBN 978-3-95803-242-2

ISBN 978-3-95803-222-4

ISBN 978-3-943416-95-4

Weitere erfolgreiche Titel aus der Reihe »Achtsam leben«

»Das größte aller Wunder ist es,
lebendig zu sein. Achtsamkeit ermöglicht uns,
dieses Wunder zu berühren.«

Thich Nhat Hanh

Mehr über unsere Bücher unter www.scorpio-verlag.de

ISBN 978-3-95803-008-4

ISBN 978-3-943416-92-3

ISBN 978-3-95803-009-1

ISBN 978-3-943416-94-7

Sie möchten noch mehr aus der
Achtsam-leben-Reihe lesen?
Dann blättern Sie um und lassen sich von
der nun folgenden Leseprobe inspirieren!

Achtsam leben

ROSETTE POLETTI
BARBARA DOBBS

Loslassen

Der Weg zu einem befreitem Leben

SCORPIO

LESEPROBE

An dieser Stelle möchten wir
Louise Malacket und Denise Paratte für
ihre wertvolle Mitarbeit danken.

»Nun hat man uns zwar beigebracht,
dass wir mit leeren Händen dastehen würden,
wenn wir loslassen, doch beweist uns das Leben
selbst in jedem Augenblick das Gegenteil:
Loszulassen ist der Weg zu wahrer Freiheit.«
SOGYAL RINPOCHE

»Wer bist du?«, fragte die Raupe. […]
Alice antwortete, etwas befangen: »Ich – ich weiß
es nicht recht, diesen Augenblick – vielmehr ich
weiß, wer ich heut früh war, als ich aufstand;
aber ich glaube, ich muss seitdem
ein paar Mal verwechselt worden sein.«
LEWIS CARROLL, *Alice im Wunderland*

Vorwort

Loslassen zu können – das heißt, Überholtes aufzugeben und auf Neues, Kommendes zuzugehen – ist eine der wichtigsten Fähigkeiten, die wir im Leben brauchen.

Nun gibt es ebenso viele Erklärungen dafür, was unter »loslassen« zu verstehen ist, wie praktische Methoden, dies zu erreichen. Zahlreiche Autoren oder Therapeuten haben ihren Weg des Loslassens gefunden und ihr Wissen darüber weitergegeben.

Einige dieser Erkenntnisse, die uns zeigen, wie es uns gelingen kann, loszulassen, und wie wir Hindernisse auf dem Weg dorthin überwinden können, stellen wir Ihnen auf den kommenden Seiten vor. Daneben gibt es zahlreiche andere Ansätze. Der Grund, warum wir gerade die im Folgenden vorgestellten Methoden ausgewählt haben, ist schlicht der, dass wir selbst und all die Menschen, die wir therapeutisch begleiten, bereits damit gearbeitet und von ihnen profitiert haben.

Es ist uns ein Herzensanliegen, dass Ihnen dieses Buch ein Helfer werden möge auf Ihrem Weg zu mehr Freiheit – dazu, alles loszulassen, was Sie einengt, bedrückt und blockiert, um Schritt für Schritt das ganze Potenzial Ihres Menschseins zu entfalten.

Einleitung

Alle großen spirituellen Traditionen verweisen nachdrücklich auf die Tatsache der Vergänglichkeit. »Nichts ist von Dauer, nur der Wandel«, sagt die Kabbala. »Das Phänomen der Vergänglichkeit korrekt zu verstehen heißt, ihre tiefe Bedeutung zu begreifen«, schreibt der Dalai Lama.

Tag folgt auf Tag, Ereignis um Ereignis wird zum Eintrag im Buch der Geschichte. Was einst war, ist nun nicht mehr, und nichts bleibt auf Dauer gleich. In diesem Strom der Vergänglichkeit treibend, klammern wir uns in der Regel mit aller Kraft an das, was greifbar ist: unsere Glaubenssätze, unsere Werte, unsere Ansichten, unsere Lieben, unseren Besitz, unsere Gesundheit, unsere Arbeit, unsere Sicherheit.

Aus Angst vor der Vergänglichkeit tun wir alles, um uns und unser Umfeld möglichst gut »unter Kontrolle« zu haben und diese auch nicht zu verlieren. Wir versuchen alle auf die eine oder andere Art, unsere Mitmenschen zu beeinflussen, die Ereignisse in unserem Leben zu steuern und den Lauf unseres Schicksals zu bestimmen.

Das stetige Streben danach, uns und unsere Umwelt »in den Griff zu bekommen«, führt dazu, dass wir unsere innere Ruhe und Heiterkeit verlieren.

Wir verzehren uns und unsere Kraft in der Illusion, eines Tages völlige Macht über unser Dasein zu gewinnen.
Diese Illusion ist der Grund, warum viele von uns so sehr von Angst, Anspannung und Enttäuschung geplagt werden.
Tief in uns spüren wir zwar diese dunkle Sehnsucht nach etwas anderem, nach einer anderen Art zu leben, nach innerem Frieden, doch vermögen wir nicht, ihn zu finden.
Dabei gibt es durchaus Möglichkeiten, wie man diese Heiterkeit und diese innere Harmonie erlangen kann. Viele Wege führen zu diesem Ziel, doch der Königsweg dorthin ist das Loslassen.

Loslassen – eine Begriffsklärung

In den Wörterbüchern findet man keine erschöpfende Definition des Begriffes »loslassen«, der ein so weites Feld an Handlungen abdeckt, wie wir es auf den folgenden Seiten zu beschreiben versuchen.
Dem Duden zufolge bedeutet »loslassen«: *nicht mehr festhalten, freilassen, der Fesseln entledigen.* Woxikon, das Online-Wörterbuch für Synonyme, fügt noch *freigeben* und *gehen lassen* hinzu.
»Loslassen« in unserem Zusammenhang bedeu-

tet, uns für das zu öffnen, was kommt, unsere Interpretation der Dinge zu ändern. Manchmal ist »loslassen« auch gleichbedeutend mit »Abschied nehmen« oder »unseren Verlust betrauern«. Und ein anderes Mal kann es heißen, zu verzeihen und unsere Aufmerksamkeit wieder dem Hier und Jetzt zuzuwenden.

Loslassen

Loslassen heißt nicht, anderen gegenüber gleichgültig zu sein, sondern uns einzugestehen, dass wir nicht für sie erledigen können, was sie selbst tun müssen.

Loslassen heißt nicht, alle zwischenmenschlichen Bindungen zu durchtrennen, sondern uns bewusst zu machen, dass wir andere nicht kontrollieren können.

Loslassen heißt nicht, untätig zu verharren, sondern aus dem, was uns widerfahren ist, zu lernen und uns weiterzuentwickeln.

Loslassen bedeutet, uns einzugestehen, dass wir im Grunde machtlos sind und dass es nicht in unserer Hand liegt, wohin die Dinge sich entwickeln.

Loslassen heißt nicht, anderen Vorwürfe zu machen oder an ihnen herum zu erziehen, sondern unser Bestes zu geben.

Loslassen heißt nicht, andere zu bemuttern, sondern Anteil an ihrem Leben zu nehmen.

Loslassen heißt nicht, anderen ständig »beizuspringen«, sondern ihnen Mut zu machen.

Loslassen heißt nicht, andere zu verurteilen, sondern ihnen das Recht zuzugestehen, ein Mensch mit Stärken und Schwächen zu sein.

Loslassen heißt nicht, für andere immer die Feuerwehr zu spielen, sondern sie ihre Angelegenheiten selbst regeln zu lassen.

Loslassen heißt nicht, andere ständig zu behüten, sondern sie ihre eigenen Erfahrungen machen zu lassen.

Loslassen heißt nicht ablehnen, sondern annehmen.

Loslassen heißt nicht, andere ständig zu tadeln oder mit dem erhobenen Zeigefinger zu drohen, sondern seine eigenen Schwächen zu erkennen und abzulegen.

Loslassen heißt nicht, sich alles nach eigenem Gutdünken zurechtzubiegen, sondern alles so zu nehmen und zu schätzen, wie es kommt.

Loslassen heißt nicht, andere zu kritisieren oder ändern zu wollen, sondern unsere Kraft darauf zu konzentrieren, die Person zu werden, die wir gern sein möchten.

Loslassen heißt nicht, der Vergangenheit nachzutrauern, sondern mit dem Blick auf das Kommende zu leben und zu wachsen.

Loslassen bedeutet, weniger Angst zu haben und mehr zu lieben.

Herkunft unbekannt

1

Loslassen, was uns am Loslassen hindert

Im Laufe unseres Lebens entwickeln wir die unterschiedlichsten Glaubenssätze, Verhaltensmuster und Ängste. Wir malen uns alle möglichen Schicksalsschläge und Unglücksfälle aus und versuchen – um uns davor zu schützen –, möglichst weitgehend die Kontrolle über unsere Mitmenschen und unsere Umwelt zu bekommen.

Dabei akzeptieren wir oftmals unhinterfragt Grenzen, die lediglich in unserem Kopf bestehen, und ächzen unter der Last dessen, was wir für unentrinnbare Knechtschaft halten. Darin gleichen wir den gezähmten Elefanten Nordindiens. Dort ist es üblich, ein neugeborenes Elefantenkalb mit einem Fuß an einem Baum festzubinden. Natürlich versucht es mit aller Kraft, den Strick, der es an den Baum fesselt, zu zerreißen, gibt aber nach einigen erfolglosen Versuchen auf und akzeptiert seine Fessel. Nun tauscht man den Strick gegen einen eisernen Fußring und eine Kette aus. Nach einigen Wochen wird die Kette schließlich überflüssig, da der Elefant »gelernt« hat, dass er angekettet ist, und gar nicht mehr versucht zu fliehen. Bis zu seinem Tod bleibt er ein Gefangener seiner vermeintlichen Fessel und seines andressierten Verhaltens, während sein Fuß schon längst nicht mehr angekettet ist.

Das *erste und häufigste Hindernis,* das es uns so schwer macht loszulassen, sind also unsere Glaubenssätze und Gewohnheiten. Deren Ursprung ist vor allem in den Botschaften zu suchen, die wir als Kinder und Jugendliche von unserer Umwelt empfangen haben. Diese Überzeugungen graben sich im Laufe der Jahre immer stärker in unser Denken ein, da wir die Tendenz haben, unsere Wahrnehmung so zu filtern, dass wir sie bestätigt sehen. Glauben wir z. B., dass wir mit unserem Partner nicht harmonisch zusammenleben können, so neigen wir dazu, die glücklichen Momente auszublenden und unser Augenmerk vor allem auf die Spannungen zu richten, die uns bestätigen, dass unsere Sicht der Dinge stimmt.

Das *zweite Hindernis,* das uns nicht loslassen lässt, ist, dass wir unser Glück gern von äußeren

Umständen abhängig machen: Wenn unsere Kinder einen guten Beruf haben und glücklich verheiratet sind, dann sind wir ebenfalls glücklich. Wenn unser Partner uns die Aufmerksamkeit schenkt, die wir uns wünschen, sind wir zufrieden. Wenn wir befördert werden, dann laufen die Dinge gut für uns, und so weiter und so fort. Doch auf diese Weise werden wir niemals glücklich, denn niemand bekommt im Leben immer alles, was er sich wünscht.

Das *dritte Hindernis* ist die sogenannte Co-Abhängigkeit. Nach Charles Whitfield, einem ausgewiesenen Experten auf diesem Gebiet, entsteht Co-Abhängigkeit, wenn wir glauben, dass etwas außerhalb von uns selbst, außerhalb von unserem Wesenskern, uns Glück und Selbstverwirklichung bringen kann. Praktisch sieht das gewöhnlich so aus, dass wir uns rund um die Uhr um einen anderen Menschen kümmern. In der Hoffnung auf Anerkennung für uns selbst als Helfende, interessieren wir uns nur für das, was dem anderen widerfährt, statt loszulassen und unser eigenes Leben zu führen.

Das *vierte Hindernis* hängt mit den Zielen zusammen, die wir uns setzen. Natürlich ist es wichtig,

Ziele zu haben, denn sie geben unseren Bemühungen eine Richtung und bringen Struktur in unser Leben. Allerdings besteht die Gefahr, dass sie so beherrschend werden, dass wir nicht mehr zwischen uns und unseren Zielen unterscheiden können. Kommen wir dann in eine Situation, in der wir uns von unseren Zielen verabschieden müssten, klammern wir uns mit aller Macht daran und schaffen es nicht, sie loszulassen. Ein erfahrener Psychiater hat einmal gesagt. »Im Arbeitsleben sehen wir uns zwei großen Gefahren gegenüber: Entweder glauben wir zu wenig an das, was wir tun, oder zu viel.« Der goldene Mittelweg liegt zwischen den beiden Extremen, im Loslassen: »Ich strebe dieses Ziel an und tue alles, um es zu erreichen. Doch ich weiß auch, dass ich unter Umständen meine Ziele ändern muss.« Folgendes Bibelzitat mag uns helfen, loszulassen und unsere Ziele weniger verbissen zu verfolgen:

»O Eitelkeit der Eitelkeiten! Alles ist eitel! Was für Gewinn hat der Mensch bei aller seiner Mühe, womit er sich müht unter der Sonne! Ein Geschlecht geht dahin und ein anderes kommt, aber die Erde bleibt ewig stehn. Und die Sonne geht auf und geht unter und eilt an ihren Ort, woselbst sie aufgeht. […] Was gewesen ist, ebendas wird sein.«

Prediger 1:2, Lutherbibel 1912

Das *fünfte Hindernis,* das dem Loslassen im Weg steht, sind die negativen Emotionen, die wir möglicherweise hegen, z.B. Groll, Feindseligkeit, Abneigung, Rachegelüste und Angst.

Wenn wir uns aus irgendeinem Grund angegriffen, verraten, herabgesetzt, abgelehnt – mit einem Wort: verletzt – fühlen, dann empfinden wir unserem »Angreifer« gegenüber in der Regel mehr oder weniger heftige Wut. In der Folge kreisen unsere Gedanken ständig um diese Person und das, was sie gesagt oder getan hat. Wir können nicht aufhören, darüber zu brüten, welches Leid dieser Mensch uns oder unseren Lieben zugefügt hat. Unser Herz verhärtet sich, und wir hegen nur noch einen Gedanken: wie wir es ihm heimzahlen können. So vergehen oft Jahre, ohne dass die Wunde verheilt, weil wir einfach nicht loslassen können.

Manchmal ist es auch Angst, die sich in unserem Geist breitmacht und uns vergessen lässt, dass Unsicherheit nun einmal untrennbar mit unserem Dasein als Mensch verbunden ist. Diese Angst treibt uns dazu, unser Leben und das Leben unserer Mitmenschen in jeder Hinsicht kontrollieren zu wollen. Sie raubt uns sowohl den inneren Frieden als auch das Urvertrauen, ohne das wir unsere innere Harmonie auch nicht wiederherstellen können.

Das *sechste Hindernis* in Bezug auf das Loslassen ist schließlich die Unfähigkeit, einen Schlussstrich zu ziehen und die Vergangenheit hinter sich zu lassen. So viele Menschen lecken ihre seelischen Wunden, statt sie sich schließen zu lassen. Sie erlauben ihrem Schmerz nicht, zu heilen, obwohl ihnen dies ermöglichen würde, nach vorn zu blicken und ihr Leben für Neues zu öffnen.

Es sind hauptsächlich diese sechs Arten von Hindernissen, die viele Menschen in unerfreulichen und manchmal auch belastenden Lebensumständen festhalten. Die gute Nachricht jedoch lautet: Jede dieser Schwierigkeiten kann gemeistert werden! Wir können sie loslassen! Auf den folgenden Seiten werden wir auf die hier nur kurz skizzierten Hindernisse ausführlicher eingehen und Ihnen Methoden vorstellen, mit deren Hilfe Sie diese überwinden können.

Ende der Leseprobe aus
»Achtsam leben. Loslassen«.